O INDOMÁVEL

JAMIL CHADE

O INDOMÁVEL
JOÃO CARLOS MARTINS ENTRE SOM E SILÊNCIO

1ª EDIÇÃO

EDITORA RECORD
RIO DE JANEIRO • SÃO PAULO
2024

CIP-BRASIL. CATALOGAÇÃO NA PUBLICAÇÃO
SINDICATO NACIONAL DOS EDITORES DE LIVROS, RJ

C423i

Chade, Jamil
O indomável : João Carlos Martins entre som e silêncio / Jamil Chade. - 1. ed. - Rio de Janeiro : Record, 2024.

ISBN 978-85-01-92161-1

1. Martins, João Carlos, 1940-. 2. Pianistas - Brasil - Biografia. 3. Regentes (Música) - Brasil - Biografia. I. Título.

24-88886

CDD: 927.862092
CDU: 929:78.071.2

Gabriela Faray Ferreira Lopes - Bibliotecária - CRB-7/6643

Copyright © Jamil Chade, 2024

Fonogramas dos códigos QR concedidos gentilmente pela Atração Produções.

Todos os direitos reservados. Proibida a reprodução, armazenamento ou transmissão de partes deste livro, através de quaisquer meios, sem prévia autorização por escrito.

Todos os esforços foram feitos para localizar os fotógrafos das imagens neste livro. A editora compromete-se a dar os devidos créditos em uma próxima edição, caso os autores as reconheçam e possam provar sua autoria.
Nossa intenção é divulgar o material iconográfico que marcou uma época, sem qualquer intuito de violar direitos de terceiros.

Texto revisado segundo o Acordo Ortográfico da Língua Portuguesa de 1990.

Direitos exclusivos desta edição reservados pela
EDITORA RECORD LTDA.
Rua Argentina, 171 – Rio de Janeiro, RJ – 20921-380 – Tel.: (21) 2585-2000.

Impresso no Brasil

ISBN 978-85-01-92161-1

Seja um leitor preferencial Record.
Cadastre-se no site www.record.com.br
e receba informações sobre nossos
lançamentos e nossas promoções.

Atendimento e venda direta ao leitor:
sac@record.com.br

Os nomes e a privacidade de todos os familiares de
João Carlos Martins foram preservados, com exceção
dos seus pais, que já não estão mais entre nós.

Sumário

Prefácio, *por JoAnn Falletta*	9
O cirurgião e o pianista, *por Raul Cutait*	13
1. Noites cubanas	17
2. A força do destino	37
3. O cérebro	51
4. João e Johann	57
5. Disponível para cancelamentos	67
6. O silêncio	81
7. "O *monstro* voltou"	95
8. O indomável	105
9. Acertos e erros na política	121
10. Reprogramando o cérebro	139
11. Mãos	151
12. De braços abertos	161
Obras disponíveis nos códigos QR	173
Notas	177
Bibliografia	183
Índice onomástico	185

Prefácio

Na vida de concertos de todo maestro, algumas raras experiências permanecem na memória e no coração durante décadas. Para mim, esses momentos inesquecíveis ocorreram no palco do Carnegie Hall, com o maestro João Carlos Martins, cujas performances eram tão eletrizantes que lembro dos detalhes até hoje, com espantosa clareza. O fato de o maestro confiar suas performances a uma jovem maestrina em início de carreira era extraordinário por si só, mas ele não demonstrou nada além de seu apoio e total confiança em mim. Seus incomparáveis concertos de Bach revelaram elementos que eu nunca ouvira: uma luminosidade, uma alegria e uma excruciante ternura que lançaram um feitiço eletrizante sobre todos os presentes àquela noite. Alguns anos depois, tive a oportunidade de acompanhá-lo em um retorno vistoso ao Carnegie – dessa vez, com concertos de Ginastera e Ravel. Seu pianismo foi exibido com extrema virtuosidade e sua energia física era incrível, mas é de sua alegria, pura e selvagem, que me lembro com mais intensidade, e alegria se tornou a palavra que o define para mim.

A vida de João Carlos Martins certamente foi cheia de alegria, mas também de sofrimento, dor, perda, desânimo, tragédia e desespero. Sua recusa em sucumbir a obstáculos aparentemente intransponíveis fala de uma coragem indescritível. Talvez essa bravura também lhe tenha permitido correr enormes riscos em suas interpretações musicais, recriando Bach nos pianos de hoje, com enorme emoção e liberdade, em um radical distanciamento das sacrossantas leituras de outrem. Romântico e passional, ele extraiu do instrumento e das partituras do século XVIII cores e dinâmicas que se mostraram profundamente pessoais, chocantes e reveladoras. Um contador de histórias que desconhece limites, João Carlos Martins trouxe a paixão por Bach para o século XXI, carregando a espiritualidade e o misticismo do compositor para uma nova era.

Outro capítulo de sua vida teve início quando ele encontrou uma nova forma de expressar seu gênio criativo: a orquestra sinfônica. Começando com uma orquestra de 45 crianças desfavorecidas que organizou em São Paulo, João Carlos convidou músicos profissionais para se sentar entre elas, como treinadores e professores. O maestro e seus amigos músicos tocaram em prisões e reformatórios, criando a esperança de que a música levasse ao aprendizado, às habilidades práticas e à descoberta de um modo de fugir do desespero. Assumindo sua posição com indomável entusiasmo, ele se tornou maestro no verdadeiro sentido da palavra, apresentando-se e inspirando seus músicos com comprometimento, drama e brilhantismo. Com a energia e a determinação de um boxeador, ele conduz concertos não somente com um poder tremendo, mas também com uma comovente conexão emocional. Nenhuma pessoa que tenha testemunhado sua força vital no pódio consegue esquecer seus concertos brilhantes e afirmadores da vida.

Para além do piano, para além do pódio, esse ídolo brasileiro caminha pelas ruas de sua cidade conversando com todos e distribuindo amor e encorajamento. Todo mundo o conhece e todo mundo o ama, reunindo-se em torno daquele que se tornou um anjo para tantos. É impossível calcular a profundidade de sua generosidade pessoal para com os necessitados, oferecida constantemente e com imensa alegria. Em uma nota pessoal, descobri discretas evidências dessa enorme generosidade em minha própria orquestra, a Filarmônica de Buffalo. Quando contratamos nosso trombonista há alguns anos, ele me disse: "Estou aqui por causa da enorme bondade de um homem, o maestro Martins, que ouviu falar de um jovem policial que queria estudar trombone na Juilliard, mas não tinha meios para isso. O maestro discretamente cuidou de todas as despesas de meus anos de estudo, e é graças a ele que agora posso realizar meu sonho aqui em Buffalo."

Inúmeras pessoas podem contar histórias similares sobre a espantosa generosidade e o apoio musical de João Carlos Martins. Ao ler sua história,

PREFÁCIO

sinto que ele viveu várias vidas em uma, reemergindo da dor e da tragédia com grande força e otimismo, generosamente compartilhando seu talento e seu coração com todos a sua volta. Artista único, grande visionário, o maestro surge como lenda cintilante e herói de nosso tempo.

JOANN FALLETTA é diretora artística e maestrina da Orquestra Filarmônica de Buffalo, integrante do Conselho Nacional de Artes dos Estados Unidos e vencedora do Grammy Award 2019 como regente na categoria Melhor Compêndio de Música Clássica

O cirurgião e o pianista

Um prefácio para um livro de histórias de um iluminado pianista escrito por um cirurgião induz reflexões. Embora atividades distintas, apresentam caminhos de vida semelhantes quando buscam a excelência, porém com algumas diferenças.

Se o objetivo maior do pianista é enlevar a alma e o espírito dos que o ouvem, o do cirurgião é buscar a cura ou, então, amenizar o sofrimento de seu paciente, tanto físico quanto emocional. Enquanto o pianista chega às pessoas através da música, a mais sublime das artes, o cirurgião concentra sua atividade cada vez em uma única pessoa, o paciente. Ambos têm seus espaços sagrados de atuação, embora distintos; para o pianista, é o palco, onde, de maneira solo ou com outros músicos, leva a plateia a participar da mágica viagem da música. Já o palco do cirurgião é o centro cirúrgico, onde ele é o ator principal, mas que depende, para exercer seu mistério, de um time composto por auxiliares, anestesista e enfermagem de sala.

Daqui em diante, vejo constantes similaridades. Certamente, a principal delas é que o pianista e o cirurgião têm o privilégio de exercer ofícios que geram uma indescritível e sublime satisfação interior, com a nobreza de saber que estão fazendo o bem para as pessoas, mesmo que de formas diferentes. Em comum, ambos se aprimoram com suas experiências anteriores e se impõem, ao longo de suas vidas, o desafio da busca diária da perfeição no que fazem, algo como a busca do pote de ouro no final do arco-íris: intangível e motivadora, mas que precisa ser modulada pela humildade. Ademais, suas artes devem ser exercidas sem entraves religiosos, raciais ou políticos; sem fronteiras!

Muito me impressiona o número de outras semelhanças. A formação do bom cirurgião, assim como a do bom pianista, é extensa e intensa. Para eles, é necessário juntar predicados que se superpõem: paixão, amor, motivação, dedicação, espírito de renúncia para constantes horas devotadas ao estudo e treino, assim como curiosidade, resiliência, concentração, sensibilidade, capacidade de lidar com pressões, além do fundamental desenvolvimento de habilidades técnicas. Obviamente, talento é imperativo e faz a diferença, mas sem tudo o que foi acima mencionado, jamais se pode almejar chegar à excelência.

Tanto o cirurgião quanto o pianista têm o privilégio de poder unir ciência, arte e humanismo. Explico: ciência, porque a cirurgia depende, para sua consecução, de conhecimentos científicos, enquanto a música, em especial a clássica, tem uma forte base matemática (que o digam Bach e Mozart); arte, porque o cirurgião é, em última análise, um escultor, embora com menos liberdade criativa que os bons escultores em geral, mas que emprega conhecimento, experiência, bom senso e habilidade para suas decisões durante cada cirurgia, ao passo que o pianista coloca nas teclas toda sua sensibilidade, aliada a conhecimento e técnica, na busca da melhor sonoridade para cada nota tocada; e humanismo, porque o cirurgião precisa ser um parceiro afetivo de seus pacientes, com grande carga de empatia e compaixão e o pianista, por sua vez, embora com uma interatividade pessoal menor com seu público, precisa tocar o coração e a alma de quem o ouve.

Os resultados obtidos pelo cirurgião e pelo pianista se aprimoram com o tempo, em que todos os predicados se completam com a experiência, que traz maturidade e consequente sabedoria. É com as mãos que suas almas e cérebros atuam, como se o corpo humano e as teclas fossem delas nada mais que extensões, o cirurgião procurando fazer a melhor dissecção ou sutura e o pianista procurando tirar o som mais emocionante de cada tecla.

Um comentário de grande importância: ao longo dos séculos, a história mostrou que cirurgiões e pianistas que se destacam em suas atividades descobrem que cabe em suas vidas uma outra e sublime função, que é a de ensinar os mais jovens, sob todos os aspectos: por aulas ou dirigindo diretamente as mãos de seus pupilos, pelo exemplo inspirador ou por mentoria, criando oportunidades. E a história está aí para nos mostrar inúmeros exemplos de alunos que suplantaram seus mestres. Para aqueles que, de alguma forma, atuam na formação dos novos profissionais, a vida não se finaliza ao término do ciclo terreno, mas se perpetua pelo que fizeram e ensinaram. Os discípulos, qualquer que tenha sido o nível de envolvimento com seus mestres, usufruem dos ensinamentos técnicos, éticos e morais que lhes foram transmitidos e os transportarão para as gerações subsequentes. Nesse sentido, Esculápio, Halsted, Francis Moore entre tantos outros, cada um em seu tempo, assim como Bach, Schumann e Rimsky-Korsakov, seguramente estariam felizes se pudessem ver o quanto seus ensinamentos frutificaram, para o bem de todos.

Finalizando estas breves reflexões, sinto-me à vontade para afirmar que tanto o cirurgião quanto o pianista são movidos por causas que dão sentido às suas próprias vidas. Assim, considero o João um exemplo lapidado de quem, pela música, suplantou todas as adversidades de sua vida, inclusive de saúde, tornando-se um virtuosíssimo pianista, reconhecido como um dos maiores intérpretes de Bach de todos os tempos e que, posteriormente, firmou-se como um grande maestro e criando a Orquestra Bachiana. Contudo, mais do que isso, o João tem a preocupação de formar jovens músicos, montar ou aprimorar orquestras menores por todo o país e, além disso, de dar espaço para jovens talentos serem introduzidos no cenário da música clássica. Fora seus sonhos que procura realizar durante todos os dias de sua vida, não me espantaria em saber que seus sonhos durante as noites incluem notas musicais, juntando-se para formar um *presto*, *allegro* ou *adagio*, com violinos, flautas, trombones e tantos outros instrumentos, como se estes sonhos estivessem preparando o dia seguinte, o dia de usar suas mãos.

RAUL CUTAIT é professor do Departamento de Cirurgia da Faculdade de Medicina da USP, membro da Academia Nacional de Medicina, membro da Academia Paulista de Letras e cirurgião do Hospital Sírio-Libanês

1. Noites cubanas

 *

— *Señor* Martins, *señor* Martins... *despiértese*.

Com voz tímida e aveludada, Concepción rompia o silêncio da madrugada cubana que, até então, ecoava pelos corredores da Embaixada do Brasil em Havana. A brisa, sem respeitar qualquer tipo de cadência, levava para os aposentos sugestões de que o mar não ficava longe dali.

Mas, naquela noite em meados de abril de 1961, o que era primeiro apenas um sussurro sincopado crescia conforme a angústia tomava conta do pequeno corpo da governanta.

Concepción, uma das mais antigas funcionárias da Embaixada, tinha uma missão urgente: acordar o jovem rapaz que havia desembarcado em Havana dias antes para consolidar sua carreira internacional como pianista. Ele precisava fugir.

Sem resposta diante de seus apelos cada vez mais enfáticos, a cubana decidiu entrar no quarto onde estava o músico e, chacoalhando seus ombros, explicou que não tinham tempo a perder.

João Carlos Martins colocou os óculos, na esperança de entender se ainda estava no meio de um sonho. Praticamente, não havia dormido. Horas antes, era aclamado no principal teatro de Havana e em seguida, na companhia de uma mulher designada pelo governo local como sua acom-

---

* Neste livro, o leitor poderá ouvir as principais peças e gravações originais citadas em cada um dos momentos da vida de João Carlos Martins, interpretadas por ele mesmo. Para isso, basta aproximar a câmera do seu celular ao código QR no início de cada capítulo e descobrir uma verdadeira trilha sonora para esta obra. Goethe dizia que quando as palavras terminam, começa a música.

panhante e de uma garrafa de rum, descobriria, aos 20 anos, o fascínio das praias desertas do mar caribenho, regadas a beijos.

Como uma cena do realismo fantástico latino-americano, a interrupção do silêncio, do sonho e do amor da noite cubana tinha um motivo urgente. O corpo diplomático estrangeiro havia sido informado que poderia ocorrer nos dias seguintes uma possível invasão da ilha, e os últimos voos comerciais para deixar Cuba estavam quase todos já lotados.

*

Fidel Castro estava no poder havia dois anos, depois de uma revolta que coloriu o imaginário coletivo e uma revolução que derrubou o ditador Fulgencio Batista. Em plena Guerra Fria, a luta contra o regime opressor ganhou dimensão geopolítica sem precedentes na região. E deu início a uma nova ditadura.

João sabia onde estaria se metendo quando escolheu se apresentar em Cuba. A decisão de viajar para Havana não foi por acaso. Naquele momento, o jovem pianista estava na verdade a caminho dos Estados Unidos, país que, nos anos seguintes, seria seu principal palco para seu primeiro concerto acompanhado por uma orquestra – a National Symphony Orchestra, de Washington.

O concerto em Washington, marcado para o dia 22 de abril, seria presidido pela primeira-dama americana, Jacqueline Kennedy, na Howard University, e regido por Howard Mitchell. Mas o brasileiro, obcecado pela leitura dos jornais e consciente da situação política mundial, decidiu que antes da capital do poder ocidental, ele passaria pela capital da revolução comunista.

Por qual motivo um pianista não poderia fazer isso?, se questionava.

A decisão surpreendeu a família, conhecida pelo conservadorismo e comprometimento com a Igreja católica. O pai, que insistia que a cultura fizesse parte da formação dos filhos, considerava a ideia ameaçadora, com o risco de ser interpretada como um gesto de simpatia ao comunismo e que poderia ter como consequência um veto à entrada em território americano do jovem brasileiro. Para ele, constituía um grave erro se colocar em situação de ser barrado pelo centro do poder financeiro, político e cultural da época.

Para alcançar seu propósito, João contou com a ajuda do jornalista norte-americano Henry Raymont, correspondente em Cuba da agência United

NOITES CUBANAS

Press International (UPI). Anos depois, o repórter seria detido por vários dias pelo regime castrista, sob a alegação de ser um espião. O próprio governo de Jânio Quadros entrou em cena para garantir a realização do recital, transformando a viagem para Havana numa espécie de escala diplomática.

O presidente brasileiro mantinha uma Política Externa Independente, como ficou conhecida, estratégia que visava encontrar espaço para o desenvolvimento do país sem ter de se aliar nem aos americanos nem aos soviéticos. Naquele mesmo ano, ele condecoraria Che Guevara, então ministro da Economia de Cuba, com a Ordem Nacional do Cruzeiro do Sul. Durante seu breve mandato, entre janeiro e agosto de 1961, restabeleceu relações diplomáticas com a Hungria e a Romênia e aproximou-se da Bulgária e da Albânia, então sob influência soviética.

João Carlos Martins, portanto, não estava partindo apenas para um concerto. Ele integrava um intrincado plano de redefinição da inserção do Brasil no mundo. O que jamais imaginou é que chegaria à ilha num momento crítico da história da América Latina no século XX.

O recital teve amplo sucesso e repercussão impressionante na imprensa local. Os cubanos reconheceram a genialidade do pianista brasileiro e o transformaram em celebridade. No programa oficial daquela noite de 10 de abril, João foi apresentado como "um dos mais importantes intérpretes jovens revelados nos últimos anos".[1]

Diante de uma plateia lotada e repleta de jovens na sala Hubert de Blanck, ele iniciou com o "Prelúdio nº 6" e a "Fuga nº 6" de *O cravo bem temperado*, volume 2, de Johann Sebastian Bach, sua especialidade e paixão. Na primeira parte do concerto, ainda houve Mozart e Beethoven, um programa essencialmente europeu e tradicional. João, como ocorreria em toda a carreira, queria mostrar que não existia ideologia nem complexo de inferioridade ao executar obras do Velho Continente. A arte, universal, não deveria ser subjugada por fronteiras ou bandeiras políticas. Mas, na segunda parte, fez clara e deliberada homenagem aos compositores latino-americanos Villa-Lobos, Camargo Guarnieri e o argentino Alberto Ginastera – e tocou uma obra de Serguei Prokofiev, convenientemente incluída no repertório do pianista.

Não se tratava apenas de mais uma noite musical em Havana. Ao olhar para a plateia, o pianista sabia: estava ali também como representante de um governo aliado. Havia a expectativa de que o próprio Fidel Castro estivesse presente. Raul Castro, porém, representou o comandante ocupando uma das principais fileiras do teatro ao lado da cúpula do governo cubano. Naqueles meses, Che Guevara já estava na América do Sul em suas operações de insurreição.

Com sanções e embargos americanos ainda incipientes, o palco do teatro exibia o que de melhor havia naquele início dos anos 1960 no mundo: um piano Steinway e equipamentos de gravação modernos. Heranças de uma Cuba que acolhia orquestras e que era o epicentro de grandes festas para famílias que, distantes do sol escaldante e da massa de cubanos miseráveis, se protegiam em salões com ar condicionado, uma riqueza efêmera. Na plateia daquela noite, estavam presentes embaixadores dos países integrantes do bloco soviético e parte da elite cubana que havia apoiado a revolução, em troca de alguns privilégios.

A festa continuou depois do recital, na própria Embaixada do Brasil. João foi recepcionado por um evento de gala, em que tocou de novo enquanto algumas mulheres, com vestidos longos e usando diamantes, circulavam entre cubanos com uniformes militares.

Naqueles salões, ficava claro que, pelo menos nos primeiros anos da revolução, parte da oligarquia que optou por não deixar Havana mantinha relações com os novos donos do poder. Nas rodinhas de conversas regadas a álcool, que misturavam os diferentes grupos da sociedade, não faltavam brincadeiras e chistes.

A presença de Raul Castro na festa reforçava a importância política do evento e foi interpretada na época como sinal evidente de que Havana tinha a esperança de atrair o "gigante sul-americano" para seu lado na disputa ideológica com os americanos. O Brasil era a grande meta da diplomacia cubana e, não por acaso, o pianista foi convidado de honra – ao lado de embaixadores estrangeiros – em um discurso de Fidel Castro. Foram mais de cinco horas entre gritos de *"Cuba sí, yankees no"* sob calor sufocante. Outra frase que ecoou era um recado à Igreja católica: *"Si los curas no cortan caña, que se vayan a España."* (Se os padres não cortam cana, que voltem para a Espanha.)

Durante aqueles dias, João entendeu que Jânio Quadros tinha potencial de obter status de vice-rei na ilha; para os cubanos, até as camisas que o presidente brasileiro usava eram consideradas sinais de sua proximidade aos ideários da revolução.

Em outro momento da viagem, o pianista foi também levado ao tribunal para assistir à audiência de julgamento de um jovem de 18 anos acusado de atacar as instituições com granadas. O jovem brasileiro testemunhou com surpresa a condenação à morte, praticamente de forma sumária, do rapaz, que se autoproclamava inocente.

No dia 14 de abril de 1961, a edição do jornal *Combate*, de Havana, refletia a excitação artística e política que João havia causado em Cuba. Num artigo, ele recebeu uma chuva de elogios, entre eles o de que Havana havia escutado um pianista que, sem dúvida alguma, teria repercussão mundial.

Seguindo a linha do regime castrista, o jornal destacou o repertório de "compositores irmãos" dos cubanos. "A voz musical de nossa América vibrou no teclado do solista a alturas que ninguém deve ter inveja de outras regiões", afirmou. Citando sua "técnica impressionante", "elegância etérea na interpretação de Mozart" ou "habilidade virtuosa" na de Beethoven, a crítica cubana exaltava o fato de a noite ter sido encerrada com a apresentação de uma sonata de Ginastera ainda inédita no país. E terminava afirmando de modo enfático que os cubanos não sabiam quando voltariam a ver João Carlos Martins. Mas que sabiam que, na próxima ocasião, ele estaria "respaldado de fama internacional".[2]

*

Mas naquela madrugada confusa de 10 de abril, ainda no quarto da Embaixada, não eram mais os aplausos que dominavam seus pensamentos.

— *Chico* — disse Concepción —, por favor, você precisa deixar Cuba amanhã.

O embaixador do Brasil em Cuba, Vasco Leitão da Cunha, não estava no país. Coube ao encarregado de negócios Carlos Jacintho de Barros organizar a viagem. Um último lugar no último voo da PanAm que iria para Miami no dia 11, às 15 horas, estava reservado. Se a fuga não tivesse êxito, João perderia a estreia nos Estados Unidos e o caso se transformaria em uma crise diplomática.

No meio de tudo, João receberia ainda um pedido inusitado e inesperado. A governanta havia recebido na Embaixada três famílias cubanas que também tentariam escapar. Mas temiam ser pegas se levassem dinheiro. A solução encontrada por elas era o pianista – protegido pela popularidade, status de estrangeiro e passaporte de um país amigo – assumir o risco. Antes de começar o dia, as famílias já estavam a postos na esperança de convencer João a transgredir.

A primeira delas pediu que ele levasse para Miami uma verdadeira fortuna na época, US$ 10 mil. A orientação era que ele só devolvesse o dinheiro para eles quando estivessem fora do aeroporto de Miami, distante do portão de entrada.

— E se vocês não embarcarem, o que eu faço com o dinheiro? — perguntou João, assustado e hesitante.

— Entregue para a Estátua da Liberdade — respondeu o pai da família.

Ou seja, em hipótese alguma o dinheiro deveria ser entregue para algum cubano em Miami. Confiança era uma palavra que havia perdido o sentido.

O susto do jovem pianista ainda foi maior quando a segunda família abriu sua mão, acostumada com as teclas do piano, e colocou nela diamantes – que também deveriam ser levados para Miami. O terceiro grupo colocou nos bolsos do brasileiro joias que serviriam para que pudessem recomeçar suas vidas nos Estados Unidos.

João não estava nada confortável.

— Não posso fazer isso — lamentou.

Como serviria de contrabandista? E o que ocorreria se fosse pego em Cuba? Tampouco tinha ideia do que enfrentaria se fosse descoberto pelas autoridades americanas. Uma das mães desabou em lágrimas diante da sua hesitação em carregar dinheiro, diamantes e joias num voo de Cuba para os Estados Unidos em uma das semanas mais tensas do período da Guerra Fria na América Latina. Insistiu dizendo que era a única forma de permitir que pudessem sonhar com uma nova vida.

Horas depois, ele estava na sala VIP do aeroporto de Havana. Sua esperança era de que o diplomata brasileiro que o acompanhava o levasse até a poltrona dentro do avião, evitando uma revista. No momento do embarque, porém, João foi obrigado a seguir sozinho. Não sabia discernir se suava devido ao calor do Caribe ou ao pavor de ser detido. Os aplausos da noite anterior seriam para sempre emudecidos se as forças de ordem em Cuba descobrissem que o pianista que simbolizava a aproximação entre dois países irmãos estava ajudando anticastristas a fugirem com suas posses.

A preocupação aumentou ainda mais quando ele se deu conta de que, na pista, guardas cubanos interrogavam os passageiros antes que subissem pela escada do avião. A poucos metros dele, dois tinham sido afastados da fila e impedidos de embarcar. Ninguém sabia o motivo e, num regime ditatorial, a arbitrariedade é a única regra.

O pianista tremia segurando as partituras da obra de Alberto Ginastera que iria tocar nos Estados Unidos e que se esforçava para decorar. O fim de sua carreira internacional poderia estar bem ali, pensava o jovem. Desejando que tudo não fosse mais que um pesadelo, João voltou os olhos para as janelas de vidro da sala VIP do aeroporto. Não havia ninguém, nem mesmo o reflexo de vultos. *Estou sozinho*, pensou.

Imediatamente, articulou uma estratégia tão inusitada quanto simples. Ao se aproximar dos guardas, e ciente da ventania típica da ilha, largou no ar as partituras. O vento, a confusão, o barulho da aeronave, o sol e a tensão formavam uma cacofonia impenetrável. Os mesmos policiais que deveriam fiscalizar os passageiros se apressaram em recolher do chão as páginas desenhadas por Ginastera e entregá-las ao pianista, que embarcou sem ser alvo de qualquer questionamento.

O plano improvisado havia funcionado. As famílias estavam a bordo; João e seus bolsos cheios também. A aventura cubana havia sido um êxito – fosse qual fosse o significado dessa ideia – e, de sua janela, João via o mar esmeralda desfilando abaixo enquanto o jato ganhava altura.

Respirava fundo, como se tivesse sobrevivido a um pesadelo.

Horas depois, ao desembarcar e cumprir o roteiro de reencontrar as famílias cubanas fora do aeroporto, João recebeu abraços e agradecimentos efusivos, apropriados a um herói. Todos choravam e se sentiam aliviados. Cada um por seus motivos. A euforia inicial, no entanto, logo deu lugar à razão e as demonstrações de afeto cessaram bruscamente. Espiões – de ambos os lados – estavam por toda parte.

Seis dias depois da fuga de João Carlos Martins, em 17 de abril, 1,4 mil exilados cubanos que estavam nos Estados Unidos fizeram uma tentativa fracassada de invadir a baía dos Porcos, em Cuba.

Ainda antes de sua posse como presidente norte-americano, John F. Kennedy havia sido informado sobre um plano de treinamento militar de exilados cubanos, organizado em total sigilo pela Agência Central de Inteligência (CIA) durante o governo de Dwight D. Eisenhower. O ataque surpresa tinha o objetivo de derrubar Fidel Castro e retomar a influência norte-americana sobre a ilha. O treinamento ocorreu ao longo de vários meses na Guatemala e, em caso de vitória, existia até mesmo o escolhido para assumir a presidência: José Miró Cardona, ex-membro do governo de Castro e chefe do Conselho Revolucionário Cubano.

O plano previa que, diante da invasão, uma parcela da população se uniria à brigada de exilados e um racha no Exército cubano garantiria o sucesso da operação. Tudo ocorreria sob a escuridão da baía, quando paraquedistas norte-americanos repeliriam as forças cubanas. Ao mesmo tempo, uma força menor aterrissaria na costa leste de Cuba para criar confusão.

Dois dias antes, em 15 de abril de 1961, oito bombardeiros deixaram a Nicarágua para destruir campos de aviação cubanos. Mas as falhas começaram justamente ali. A CIA usou aviões B-26 obsoletos da Segunda Guerra Mundial camuflados como jatos da Força Aérea cubana. Desastroso, o ataque errou muitos de seus alvos e Kennedy teve que cancelar as operações seguintes.

Em 17 de abril, a força militar de exilados cubanos, conhecida como Brigada 2506, aterrissou nas praias ao longo da baía dos Porcos e, imediatamente, foi alvo de fogo pesado. Com um contingente de 20 mil homens, Castro não precisou de mais de dois dias para esmagar a tentativa de golpe.

Aqueles seriam dias intensos. A revolução sobreviveu, a CIA estava exposta, muitos anticastristas tinham conseguido fugir com suas respectivas fortunas, Jânio Quadros continuava sendo visto como amigo de Cuba e o pianista estava salvo.

*

Se a escala em Cuba havia sido repleta de aventuras, nos Estados Unidos a situação seria completamente diferente. Os serviços secretos americanos sabiam que o músico brasileiro não tinha qualquer afinidade com a ideologia comunista. Em entrevistas, ele já havia declarado que para ele a cultura estava acima da Guerra Fria e que considerava a arte a alma de uma nação.

Nos Estados Unidos, João não era o "diplomata" de uma relação entre dois países que buscavam seu lugar no mundo. Era o pianista. De fato, estar ali já configurava o resultado de seu trabalho e seu potencial musical começava a ser reconhecido nos grandes centros culturais.

Em 1959, dois anos antes das noites cubanas, o jornalista Rui Mesquita, de *O Estado de S. Paulo*, foi procurado por representantes do prestigioso Festival Casals, que iriam escolher jovens bolsistas latino-americanos para se apresentar em San Juan, Porto Rico. Na delegação estava um importante crítico musical da época, o também jornalista Henry Raymont que, mais tarde, seria chave para a ida de João a Cuba.

Pelas regras do evento, dentre todos os selecionados, um deles teria a oportunidade de fazer um recital em Washington. Rui Mesquita fez uma lista com nomes de prodígios brasileiros, que entregou para os estrangeiros, recomendando João Carlos Martins. Um deles era aluno de Magda Tagliaferro, a grande dama da música erudita nacional e uma referência no exterior. Um mês depois, João receberia um telegrama anunciando que ele havia sido o selecionado para representar o Brasil.

Não se tratava de apenas mais um recital, àquela altura, uma rotina para João. O Festival Casals, em Porto Rico, estava em sua segunda edição e era liderado pelo próprio Pablo Casals, ícone da música clássica no século XX. O catalão havia visitado San Juan em 1955 e, dois anos depois, decidiu se instalar na ilha. No mesmo ano, fundou o festival. Mas, dias antes, o violoncelista sofreu um ataque cardíaco durante os ensaios para a abertura do evento. Uma cadeira vazia foi mantida no palco durante o festival inteiro, em homenagem ao músico e como mobilização para que ele se recuperasse, o que acabou ocorrendo.

Por dezoito anos, sua fama e seu carisma permitiram que San Juan se transformasse na Meca musical para dezenas de artistas. Por seus palcos passaram figuras importantes, como o pianista Rudolf Serkin e os maestros Mstislav Rostropovich, Leonard Bernstein, Zubin Mehta, Eugene Ormandy, Sir John Barbirolli, Yehudi Menuhin e Krzysztof Penderecki.

Em 1959, o festival ainda precisava da ajuda de governos e patrocinadores. No telegrama recebido por João, ficava claro que caberia ao Itamaraty pagar a viagem do jovem pianista até Porto Rico, uma vez que toda a logística no exterior seria bancada pelo festival. Os pedidos da família para que o governo financiasse a ida de João fracassaram e, sem sequer consultá-lo, seu pai informou ao Festival Casals que o filho não poderia participar.

A história, porém, ganhou contornos inesperados. Henry Raymont, inconformado, publicou uma reportagem na agência UPI contando que a recusa da Chancelaria brasileira em se responsabilizar pela passagem havia deixado o maior país da região sem um representante de talento no festival. A diplomacia brasileira ficou consternada. Mas nem a revelação fez o governo voltar atrás na decisão.

A notícia reverberaria. Bem longe do Rio de Janeiro, o presidente argentino Arturo Frondizi, que acabava de assumir o poder, leu a reportagem. Indignado e provocador, telefonou para seu embaixador nos Estados Unidos, César Barros Hurtado, com uma proposta: Buenos Aires iria oferecer a passagem para João. Os argentinos não tinham sido selecionados para o festival e, naquele momento, os dois grandes nomes do país – Daniel Barenboim e Martha Argerich – já faziam carreira internacional. Portanto, não seriam mais qualificados como bolsistas.

A negativa por parte do Brasil e o gesto argentino acabaram abrindo um debate nos jornais. Segundo despacho da UPI, de Washington, foram "a generosidade, o amor à música e o espirito americanista da Argentina que se combinaram para que um jovem pianista brasileiro"[3] pudesse ir ao festival. O Itamaraty recorreu à imprensa para desmentir o rumor de que poderia repensar o caso e culpou Henry Raymont por fazer "promessas fugazes"[4] aos candidatos sobre uma possível passagem custeada pelo governo.

O fato é que, graças ao atrevimento argentino diante da potência brasileira, João Carlos Martins embarcou para San Juan, em uma missão que significou o começo de uma grande mudança de vida. Num trajeto de 48 horas, e com escalas em Caracas, Nova York e, finalmente, Porto Rico, a primeira viagem internacional do músico foi ainda marcada por uma febre de 39°C e a recepção calorosa, em Nova York, da cônsul do Brasil, a poetisa Dora Vasconcellos.

Dias depois, recuperado e em grande forma, João não demorou para ser notado por todos. Ao final daquele intenso curso no Caribe, Casals e alguns seletos convidados – como os violinistas Isaac Stern e Alexander

NOITES CUBANAS

Schneider e os pianistas Jesús María Sanromá e Eugene Istomin – não tiveram mais dúvidas: o brasileiro financiado pelos argentinos e esnobado pelo Itamaraty era o grande destaque entre os jovens do festival. Caberia a ele a honra de ser escolhido para o recital em Washington, na presença da elite cultural da maior economia do mundo e na sede da Organização dos Estados Americanos (OEA).

No programa, de Chopin a Villa-Lobos. No auditório, renomados músicos extasiados. No palco, dois mastros: um com a bandeira do Brasil, nacionalidade do músico; outro, com a da Argentina, que patrocinou o artista. E nos dias seguintes, nos jornais locais, resenhas da performance de João, descrita como "quase milagre".[5]

Em sua edição de 29 de maio de 1959, o *Evening Star* estampou um título que explicitava o entusiasmo provocado: "Pianist Martins, 18, in virtuoso class". Segundo a crítica, o recital pode ter marcado a "aparição de um grande talento" e de um "gênio".[6]

O mal-estar diplomático entre Rio de Janeiro e Buenos Aires seria ainda resolvido em um acordo típico da região. Em Washington, a Embaixada da Argentina ofereceria um almoço em homenagem ao pianista e, à noite, a Embaixada do Brasil abriria as portas para uma recepção com a presença da elite política americana e até de um dos filhos da ex-primeira-dama norte-americana Eleanor Roosevelt.

A viagem não poderia terminar nos Estados Unidos. Como gesto de agradecimento e retribuição, João embarcou para a Argentina com o compromisso de apresentar uma série de recitais. Era o preço a ser pago. E, num deles, uma vez mais foi sua música que abriu uma porta inesperada e decisiva. Em Buenos Aires, ao ousar tocar os *12 Estudos, Op. 10* de Chopin, o jovem seduziu Alberto Ginastera, presente na plateia naquela noite. Considerado um dos principais compositores latino-americanos, o argentino, que havia sido aluno do renomado compositor norte-americano Aaron Copland, incorporou em suas criações artísticas elementos folclóricos e da estética neoexpressionista, marcada pela técnica dodecafônica.

— Em breve, pode ser que eu tenha uma notícia para você — disse Ginastera ao brasileiro ao final do recital.

Ninguém jamais imaginaria qual seria o desfecho daquela declaração de admiração. A notícia chegaria apenas em janeiro de 1961, quando o compositor argentino telefonou para a casa do professor de João em São Paulo e apresentou sua desafiadora proposta. Estava compondo seu primeiro concerto para piano e orquestra, cuja estreia mundial estava marcada para o dia 21 de abril daquele ano, na Howard University, em Washington. Inicialmente, quem executaria a obra seria o cubano Jorge Bolet, naturalizado norte-americano e grande intérprete da música clássica internacional naquele início dos anos 1960. O concerto fazia parte de um festival presidido por Jacqueline Kennedy, a então primeira-dama, com a presença de Eleanor Roosevelt, ex-primeira-dama.

Ginastera, porém, vivia uma batalha interna, principalmente com o último movimento de sua obra. Bolet, em março, tinha jogado a toalha e avisado ao compositor que não iria executar um concerto inédito de tamanha dimensão e dificuldade sem ainda ter recebido as partituras a poucas semanas de subir ao palco. Com a carreira no auge e com uma agenda lotada, ele não poderia se arriscar a uma aventura daquelas.

Sem o intérprete de prestígio para a estreia, o argentino finalmente decidiu convidar o jovem brasileiro que tanto o impressionara, gerando protestos dos principais pianistas argentinos da época. E João, após rápida conversa ao telefone com Ginastera, topou o desafio, mesmo sabendo que a composição ainda não estava pronta. Ele só receberia a partitura dos dois últimos movimentos da obra no dia 6 de abril, quinze dias antes da data de estreia do concerto, e passou a se dedicar quase exclusivamente a ensaiá-los.

Foi nesse momento que João resolveu que sua participação em um evento com a primeira-dama dos Estados Unidos, um dos rostos mais icônicos do mundo, também ganharia um componente político. E se lançou em um segundo desafio: transformar a oportunidade em um gesto de diálogo também com Cuba, em plena Guerra Fria. Imediatamente, telefonou para o jornalista que havia conhecido no Festival Casals, Henry Raymont, e lhe comunicou:

— Estou indo para Washington tocar em um festival presidido por Jacqueline Kennedy. Gostaria também de tocar para Fidel Castro.

Raymont já era o correspondente da agência UPI em Havana e, em poucos dias, com apoio do governo de Jânio Quadros, a operação estava

NOITES CUBANAS

montada. Foi assim, portanto, que João fez o improvável périplo entre Cuba e Estados Unidos.

O gesto ousado não abalou os planos americanos. Ao desembarcar, o pianista foi recebido no aeroporto de Washington por William Rogers, que, anos depois, entraria para a história diplomática dos Estados Unidos como a sombra medíocre de um certo professor de Ciências Políticas de Harvard: Henry Kissinger, o conselheiro de Segurança Nacional responsável pela implementação da doutrina que marcaria a política externa americana e o destino do mundo.

Em 1969, por um acerto político, Rogers assumiria o Departamento de Estado no governo de Richard Nixon, enquanto Henry Kissinger, de fato, tocava a estratégia de diplomacia da Casa Branca. No dia de sua posse, dossiês preparados por diplomatas foram colocados sobre sua mesa, com detalhes da posição dos Estados Unidos em relação a cada uma das grandes questões mundiais, inclusive a questão nuclear. Para surpresa de todos, ele apenas respondeu: "Vocês não esperam que eu leia tudo isso, esperam?"

Uma década antes da cena constrangedora, porém, Rogers era apenas o anfitrião de luxo de João e a base para que pudesse, às vésperas da estreia do concerto de Ginastera, voltar a se concentrar e ter a certeza de que iria impressionar os americanos. E foi exatamente o que ocorreu naquela noite no abarrotado teatro da Howard University. Ao ser ovacionado enquanto os últimos acordes ainda ecoavam, João sabia que saía maior daquele palco e que a viagem significava um ponto de inflexão em sua carreira. Na mesma noite, Eleanor Roosevelt o procurou para comunicar que promoveria a sua estreia no mítico Carnegie Hall, em Nova York, no ano seguinte.

O sucesso do concerto transbordou para as páginas dos jornais, que destacaram o brasileiro como um dos grandes pianistas jovens do mundo. De fato, aquela noite também ficaria na memória de alguns dos maiores músicos americanos.

Foi também durante a memorável viagem que conheceu Jay Hoffmann, que seria seu empresário pelos próximos cinquenta anos e com quem assinaria um contrato para que administrasse sua carreira. Na primavera de 1961, a silhueta do sucesso do pianista começava a ganhar formas reais.

*

30 O INDOMÁVEL

Em pouco tempo, ganhando força e fama com a carreira no maior mercado do mundo, os Estados Unidos, a rota São Paulo-Nova York se transformaria em uma ponte aérea para João. E, invariavelmente, era também por sua música que o Brasil fazia uma diplomacia paralela. Entre 1961 e 1962, o pianista intensificou suas viagens aos Estados Unidos. Não se tratava mais do bolsista vencedor de concurso ou uma jovem promessa. Subia ao palco o pianista João Carlos Martins.

Numa dessas ocasiões, durante um voo em novembro de 1961 para Washington D.C., apesar do inglês arrastado, conheceu uma moça. Anne era um pouco mais velha que ele e tinha uma presença marcante. Ela o ajudaria na alfândega e, antes de se despedir, perguntou onde o brasileiro se hospedaria na capital americana.

João ainda precisava se hospedar em hotéis modestos, sem instrumentos e distante do centro. Ao saber da situação, a americana não hesitou: o brasileiro ficaria hospedado no apartamento onde ela morava, sozinha. Ali, poderia treinar num piano da família sob uma condição: que tocasse apenas das 9 às 19 horas.

Aceita a condição, João passou seu tempo na sala daquela desconhecida mergulhado nos estudos. Mas notou que o local exibia claros sinais de poder. Nos aposentos, a sofisticação imperava. E, na primeira noite, reparou que o homem que bateu à porta para buscar a nova amiga estava de smoking. Não sabia nada sobre Anne. Mas sua intuição sugeria que não estava hospedado em uma simples residência da burguesia americana.

O mistério não demorou a se desfazer. No dia seguinte, a moça comunicou ao brasileiro logo no café da manhã:

— João, sua embaixada dará uma recepção em sua homenagem, logo após o concerto.

— Como? — indagou com surpresa.

— Não se preocupe. Você vai logo saber.

O concerto, mais uma vez, foi um sucesso retumbante, com ampla repercussão em jornais como o *Washington Post*. Naquele momento, a imprensa americana começava a dar ampla cobertura a cada um dos concertos e recitais de João. No *New York Times*, o crítico Ross Parmenter destacou o desempenho do jovem de 21 anos. Em um artigo, João foi descrito como um artista com "força, poder, uma grande tonalidade, exatidão e técnica que manda fogos de artifício em todas as direções".[7] No jornal *Evening Star*, ele foi apontado como "o gigante do teclado".[8]

Já a recepção após o concerto em Washington passaria para a mitologia da diplomacia do Itamaraty. Anne era nada mais nada menos que a herdeira de um dos homens mais influentes da política americana. Seu pai, Michael Mansfield, era líder da maioria democrata no Congresso. Após uma carreira política consolidada – dez anos como deputado e outros 24 como senador pelo estado de Montana –, a trajetória de Mansfield ainda seria completada com o posto de embaixador americano no Japão entre 1977 e 1988. João, portanto, estava hospedado no centro nevrálgico do poder nos Estados Unidos.

Mas ainda não estava claro para o pianista como Anne havia convencido o governo brasileiro a organizar a recepção. Dias antes de João desembarcar, Roberto Campos havia aterrissado nos Estados Unidos para assumir a Embaixada do Brasil em Washington. O novo diplomata ainda não havia entregue suas credenciais ao governo americano, o gesto que inaugura o mandato como representante de um país estrangeiro. Mesmo assim, já circulava por alguns eventos e coquetéis em casas de jornalistas e foi convidado para uma recepção na Casa Branca em homenagem a Pablo Casals justamente no dia da chegada de João.

A cena do homem de smoking na porta da casa de Anne começava a fazer sentido. Ela e o pai também foram à recepção a Casals e não demorou para encontrarem Roberto Campos por lá. Em suas memórias, *A lanterna na popa*, o embaixador relata o encontro e lembra como havia sido interrogado por uma "jovem americana com ar hippie".

— Ouvi dizer que o senhor é o novo embaixador do Brasil — disse Anne.

Ao receber a confirmação, a jovem foi direto ao ponto:

— Que tipo de *fucking* embaixador é o senhor?

Surpreso diante da agressividade e sempre afiado, Campos disse que não esperava que suas deficiências fossem descobertas tão rapidamente.

— Eu sei que sou um *fucking* embaixador. Mas é ainda cedo para descobrir que sou *fucking ambassador*.

E devolveu a pergunta querendo saber qual gafe já teria cometido.

A gafe, segundo ela, era a de não ter dado apoio para promover o recital de João Carlos Martins, que estava na cidade. Anne insistiu que o mínimo que o governo brasileiro deveria fazer seria uma recepção para apresentar o artista ao mundo cultural de Washington.

Campos explicou que acabara de chegar e que, de fato, não conhecia muita gente do governo americano. Mas fez uma proposta para a mecenas de saias.

— Bem, vou oferecer minha *fucking* residência, minha *fucking food*, *fucking* bebidas e a senhora traga seus *fucking* convidados.

Ela aceitou imediatamente e, após o concerto em que João impressionou a plateia com sua interpretação de Bach, a Embaixada brasileira em Washington foi tomada por políticos, burocratas e artistas. Algumas das figuras mais importantes do governo americano, assim como personalidades como Bobby Kennedy, tinham atendido ao convite de Anne e circulavam pela festa, que beirou o improviso diplomático.

Ela e o pai se tornariam amigos íntimos de Roberto Campos, e aquele recital serviu para que o novo e culto embaixador do Brasil ganhasse acesso privilegiado ao coração da política americana. Qualquer diplomata saberia que aquele seria um ativo fundamental na capital americana.

Mas o encontro imprevisível também construiria uma aliança sólida e amizade profunda entre João e Roberto. A partir daquele momento, o pianista reservaria parte de seu tempo no exterior para passar dias ao lado do embaixador, enquanto as festas antológicas que Roberto organizava em sua homenagem marcavam espíritos, calendários, casamentos e, certamente, divórcios.

João e Roberto ainda se transformaram em confidentes, dividiram apartamento na avenida São Luís, em São Paulo, e quando o músico e o economista visitavam a capital paulista em diferentes momentos de suas respectivas vidas, trocavam abraços de apoio, de incentivo e de dor. No início de sua vida adulta, o pianista via no economista um segundo pai, com direito a intimidades e rupturas de padrões que não existiram em sua casa familiar.

Não eram raras as histórias que o embaixador relatava ao pianista sobre as dificuldades de representar, no exterior, o governo de João Goulart.

— Você não sabe as explicações que eu preciso dar — queixava-se Campos.

NOITES CUBANAS

Os dois ainda teriam papel ativo na vida artística brasileira. Já durante a ditadura militar, a partir de 1964, Roberto Campos foi escolhido para ser ministro do Planejamento. Numa das visitas do amigo, conversaram sobre o destino da música erudita no Brasil e como financiar o setor. João insistia que o país deveria dar maior atenção e prestígio ao maestro cearense Eleazar de Carvalho. Tratava-se do maior nome da música nacional e com ampla repercussão no exterior. Sua formação também impressionava. Havia estudado regência com Serge Koussevitzky, no Berkshire Music Center de Massachusetts. Em 1947, dividiu com Leonard Bernstein a função de assistente do maestro russo. Com a morte de Koussevitzky, em 1951, Eleazar de Carvalho assumiu sua posição e permaneceu ali até 1965.

Nos corredores de Brasília, circulavam rumores de que o ditador Castelo Branco tinha planos para convidar Eleazar para reger a Orquestra Sinfônica Brasileira. Mas era necessário encontrar um modelo financeiro capaz de pagar tanto pelos músicos quanto pelo regente de fama internacional. A tarefa foi dada a Roberto Campos e ao então ministro da Fazenda, Octavio Gouvêa de Bulhões, um dos artífices do modelo econômico liberal brasileiro. Num encontro entre os dois e João Carlos Martins, ficou decidido que seria criado um fundo e que os salários seriam pagos com os juros gerados a partir dos recursos.

Com a proposta em mãos, os economistas convenceram Castelo Branco da viabilidade do projeto, e Eleazar, então, foi chamado para uma reunião com a equipe do regime militar e o próprio presidente. De forma solene, o general fez ao regente o convite para que assumisse a Orquestra Sinfônica Brasileira. No fundo, o ditador não esperava nenhum tipo de negociação ou debate. Era, acima de tudo, uma convocatória e uma ocasião para um aperto de mão. De Eleazar esperava-se que apenas agradecesse a oportunidade de comandar a principal orquestra brasileira naquele momento.

O que ocorreu, porém, foi algo inusitado para militares desacostumados com uma ruptura na cadeia de comando. Eleazar respondeu que "concordava plenamente" com a escolha feita pelo presidente para que dirigisse a orquestra.

— Presidente, deixa eu lhe explicar — iniciou o maestro. — O litoral brasileiro tem 8 mil quilômetros. Temos no Brasil quase 70 milhões de habitantes. Se colocarmos todos no litoral e pedirmos que dê um passo à frente quem gosta de música, uns 50 milhões de brasileiros se apresentarão. Desses, se perguntarmos quem gosta de música clássica, talvez uns 300 mil. Se perguntarmos quem é músico profissional, e infelizmente temos poucos, talvez uns 20 mil brasileiros darão esse passo. Agora, quando perguntarmos quem é maestro profissional e com experiência, talvez uns dez deem um passo à frente. Por fim, se perguntarmos quem já regeu as orquestras de Berlim e Nova York, só tem uma pessoa. Então, o senhor fez a escolha certa. Eu aceito o convite.

Roberto Campos não sabia onde se enfiar, tomado por um embaraço diante da petulância e caráter do maestro no encontro com um ditador. Mas todos sabiam que Eleazar era o nome certo – por sua força, independência e profissionalismo – nesse momento sombrio da vida brasileira.

João, por sua vez, vivia o início de uma trajetória de sucesso, polêmicas e dramas pessoais. Mas começava a construir a ideia de que, independentemente da ideologia no comando, a arte precisava fazer parte da construção da educação de uma nação. Um caminho temático que levaria ao extremo nas diferentes tessituras e momentos de sua vida.

Naquela primeira metade da década de 1960, João ganhava a admiração de personalidades do mundo da política e dos grandes músicos. Numa das viagens aos EUA, Martin Luther King Jr. saudou o pianista antes de uma palestra sua no National Press Club de Washington.

Em 1963, a agência de notícias UPI publicaria os elogios do regente Leonard Bernstein a João. Segundo o ícone da música clássica americana, o brasileiro caminhava para o sucesso internacional e, cada vez mais interessado pelas obras latino-americanas, Bernstein destacou o desempenho do pianista ao interpretar o concerto de Ginastera.

João Carlos Martins e Leonard Bernstein tinham se encontrado em 1963 numa recepção em homenagem ao compositor de *West Side Story*, com a presença de embaixadores, políticos, artistas e jornalistas. Também estavam personalidades como o senador Hubert Humphrey, o presidente do Banco de Exportação e Importação dos EUA, Harold Linder, e o vice-secretário de Comércio, Peter Jones.

Naquela noite, o maestro americano pediu que João se sentasse ao piano e tocasse alguns trechos do concerto de Alberto Ginastera. Bernstein, diretor da Filarmônica de Nova York, revelou que havia encomendado ao compositor argentino uma peça para violino e orquestra.

João não só voltou a repetir o concerto como também parou em cada trecho para explicar aos presentes a influência de Aaron Copland na elaboração da musicalidade de Ginastera. Bernstein ouvia tudo com atenção e, sentado ao lado do pianista enquanto ele executava a obra, fazia gestos de aprovação. Ao final, os cerca de quarenta convidados aplaudiram efusivamente, enquanto o maestro americano repetia: "Bravo, você terá uma carreira brilhante."

Com sua influência sobre os palcos e nos bastidores do poder, o pianista sentia que, fosse qual fosse o andamento de seus próximos movimentos, seu papel iria muito além da interpretação que daria a obras complexas.

Sua música faria política, inclusive quando a partitura do destino exigisse silêncio.

2. A força do destino

— *Il concerto più bello!*

Uma voz rouca e grave se projetava daquele corpo de mulher em transe, provocando a vibração das entranhas de cada um na sala como as cordas de um contrabaixo. De pé, no centro, Alay recebia o espírito do compositor italiano Giuseppe Verdi.

— *Perfetto! Perfetto! Perfetto!* — repetia.

Alay não falava italiano. Mas, sempre que havia um concerto, horas antes de o filho entrar em cena, a família se reunia para a sessão espírita cujo intuito era transmitir coragem a João. Intensa, a incorporação de Verdi confirmava o compromisso da família Martins com o garoto, para que se sentisse amparado em sua aventura no palco.

O impacto era forte. Ao entrar em cena, João revivia o ritual em pensamento: se o grande compositor Verdi – um ateu inquieto – estava ao seu lado, nada poderia dar errado. Confiante, ele mergulhava em tal estado de concentração que nenhuma nota saía do lugar.

A crença na eficácia da intervenção materna se tornava mais viva assim que ele se lembrava das gargalhadas perversas dos colegas de escola nas brincadeiras de bafo durante o recreio: suas mãos eram incapazes de vencer uma partida.

Mas seus dedos eram velozes, certeiros e sensíveis, e não agiam apenas sob a impressão da fé espírita e do apoio irrestrito dos pais e irmãos mais velhos. A liturgia de preparação ainda tinha mais um rito. Obcecado pelo sucesso de João, José da Silva Martins guardava um comprimido no bolso direito, que punha na boca do filho uma hora antes de cada concerto.

— Engula — pedia o pai com a voz serena e dando-lhe um copo de água.

Como num ato religioso, e de certo sigilo, a cena se repetia desde os 11 anos de João. O comprimido, vendido livremente nas farmácias, era sulfato de benzedrina, uma anfetamina bastante popular na época, que levava a um estado de excitação. O efeito do estimulante se misturava à crença na presença de Verdi, transportando o menino, invariavelmente, para outra dimensão. Naquele início dos anos 1950, nada se dizia sobre o risco de efeitos colaterais, como convulsão, desenvolvimento de paranoias e ansiedade.

João sentia que a pílula o transformava. As madrugadas que se seguiam aos concertos pareciam eternas, suas pupilas permaneciam expandidas, acompanhando os sons da cidade. O pesadelo ganhava contornos psicodélicos se um único erro fosse cometido ao longo das execuções. João não apenas não conseguiria dormir; a nota deslocada soaria em sua mente como um trítono contínuo que só se desfaria com os primeiros raios de sol.

Os cuidados com o jovem pianista eram, no fundo, fruto da combinação explosiva de amor irrestrito – com contornos de opressão – e convicção sobre sua genialidade.

Em parte, João vivia a vida que José da Silva Martins não pôde sequer sonhar em ter. Como milhões de imigrantes, ele desembarcou no Brasil com pouco mais de 20 anos, vindo de um empobrecido Portugal. Antes de construir uma situação confortável em São Paulo como representante de uma empresa francesa de essências, José passou por diferentes trabalhos e condições sociais.

Tinha vergonha de contar que havia sido barbeiro, segredo que começou a se desmanchar à medida que os quatro filhos homens se tornavam adolescentes. José fazia a própria barba com navalha e foi um grande aliado dos garotos nessa primeira fase, assim como, em seguida, quando seus corpos começaram a passar pelas transformações da puberdade.

Turva, sua história era repleta de dramas e mistérios. Nunca soube quem era seu pai, ainda que a certidão de nascimento trouxesse um nome. O sonho de ser pianista foi extirpado ainda na infância: seu dedo mindinho fora decepado por uma máquina da gráfica em que trabalhava em troca de algumas poucas moedas.

A FORÇA DO DESTINO

Já no Brasil e com dois filhos, José da Silva foi diagnosticado com câncer de estômago. Recebeu uma sentença de morte, teria apenas alguns meses de vida. Desafiou o médico e o destino, falecendo apenas no século seguinte, em 2000, com 101 anos de idade e, mesmo assim, vítima de um acidente.

Sua obstinação o fazia tomar decisões que desafiavam a natureza. Estava determinado, por exemplo, a realizar o desejo de que o segundo filho nascesse na data de seu próprio aniversário, no dia 11 de junho. Não deu certo e Alay deu à luz cinco dias depois. Alvo de chacota dos amigos, que o acusaram de não saber contar, José da Silva garantiu, dois anos depois, que não erraria no nascimento do terceiro filho. Uma vez mais, programou a gravidez de Alay para coincidir com seu aniversário.

A estratégia, porém, foi outra: faltando poucos dias para a data prevista, José alugou um táxi e percorreu as ruas mais esburacadas de São Paulo com a mulher grávida no carro. O objetivo era provocar a antecipação do processo de parto. Desta vez, as orações, a obsessão e a péssima conservação das ruas mantida pela prefeitura deram o resultado esperado e o menino nasceu exatamente em 11 de junho.

Solucionada a fixação de ter um filho nascido no mesmo dia que o do aniversário do pai, o casal se concentraria na próxima missão: encomendar uma menina, ainda que Alay desse sinais de que, após três gestações, seu corpo tivesse atingido o limite.

De fato, nos primeiros meses da quarta gravidez, os médicos deram uma notícia dramática para o casal. Era uma gestação de alto risco e, se fosse adiante, havia perigo real de que a mãe não sobrevivesse. Conservador e religioso, José da Silva insistiu com a mulher que não deveriam desistir.

Meses depois, em 25 de junho de 1940, nasceu a criança. E, com ela, duas surpresas. Não era uma menina e, ao contrário dos diagnósticos de risco, tinha 5,8 quilos. Era o quarto garoto do casal e recebeu o nome de João Carlos Martins.

A infância privilegiada e cômoda dos quatro irmãos foi marcada por um ambiente de trabalho, disciplina e fé. Convicto de que a arte era fundamental para a formação dos filhos, José, um autodidata, mantinha uma boa biblioteca em casa e, com a regularidade de um metrônomo, planejava visitas aos museus e teatros de São Paulo.

40

O INDOMÁVEL

Praticamente todas as noites, o pai os colocava para escutar música erudita e adivinhar de quem eram as obras. Aos sábados, levava todos para o Masp, ainda na rua 7 de Abril, para explicar os quadros expostos. Até os 16 anos, a única possibilidade que os meninos tinham de sair sozinhos era para ir ao cinema, na rua Augusta, nos fins de semana.

O caçula João acabaria sendo alimentado, antecipadamente, pelas experiências artísticas a que os três irmãos mais velhos eram expostos. E, de forma precoce, era convidado a participar das conversas da família. Não era, entretanto, a única situação especial para ele. Ao longo de seus primeiros anos de vida, ficou claro para todos que ele teria uma existência diferente da dos irmãos mais velhos.

Aos 3 anos, João passou a ter convulsões, jamais tratadas pela família. Intolerante com qualquer desvio de comportamento, o pai julgava que as reações que levavam o menino ao chão eram apenas estratégias para chamar a atenção dos mais velhos e aplicava-lhe como remédio apenas um beliscão e uma bronca.

Aos 6 anos, mais um trauma marcaria os primeiros momentos da vida de João. Na tarde de um fim de semana, brincando no quarto, João foi alertado por um dos irmãos de que algo estranho estava acontecendo com sua garganta. Tinha começado a despontar um caroço que, nos dias seguintes, se transformaria em um enorme cisto interno.

Naquele período da década de 1940, o resultado da operação foi péssimo; sempre que se alimentava, João sentia que expelia pus pelo pescoço. Na escola, o incômodo se traduziu em deboche por parte dos colegas a cada refeição que fazia. Constrangido e triste, recorrentemente saía correndo do refeitório, como se buscasse um abrigo contra a humilhação permanente. Preferia não comer a ser alvo de insultos e gargalhadas.

Uma segunda operação se fez necessária, ainda que Alay tenha tentado conter a secreção com sessões espíritas. Aos 7 anos, portanto, João voltou à mesa de cirurgia e a operação foi bem-sucedida, para alívio de todos. Sem alarde, na mesma noite, o médico chamou a mãe do garoto para compartilhar o resultado positivo do procedimento. Ele contou que, ao abrir o cisto pela segunda vez, descobriu que o pus dava sinais de secar. Tinha a convicção de que fora o trabalho espírita de Alay que permitiu a cura.

A essa altura, porém, João já era o centro de todas as chacotas na escola. O fim do drama do cisto não significou uma vida mais fácil para o garoto. Um raro porto seguro em sua vida era Marina, uma menina da classe que se imbuiu da missão de proteger o amigo dos colegas. O carinho era retribuído com um sentimento secreto e difuso de paixão. Marina, sem jamais saber, passou a ser o motivo de um tímido e inseguro João querer ir para a escola. Ela era sua âncora e a pessoa que ele sempre buscava nos intervalos. Um certo dia naquele mesmo ano, Marina não apareceu. João não entendeu a ausência repentina e sem explicações. Perguntou aos poucos colegas e professores. Ninguém tinha respostas.

Ao voltar caminhando depois da aula, João notou carros de bombeiro diante da casa de Marina, uma travessa da rua Conselheiro Rodrigues Alves. Num bairro e num momento da cidade em que a única preocupação era saber cruzar a rua, a cena lhe gerou um pressentimento ruim. Sem pensar e atraído pela mistura de luzes, sons e caos, João se aproximou, apenas para descobrir que ela estava morta. A mãe havia cometido suicídio, ligando o gás residencial. A filha tampouco sobreviveu.

Para João, aquilo não poderia estar ocorrendo. Seu chão, em tantos sentidos, não tinha direito a desaparecer. O que faria sem ela? Como enfrentaria a escola e os demais alunos? Num estabelecimento pequeno e conservador, a morte de Marina causaria abalos profundos no garoto que mal se atrevia a se olhar no espelho. Sua mente atordoada por medos e sentimentos confusos passou a conviver com um silêncio desafinado. Foi nesse momento de dúvidas que chegaria à sua casa algo que mudaria sua vida para sempre.

Conforme o embrulho do tamanho de um móvel foi desembalado, os irmãos aplaudiram a nova aquisição da família. João apenas observava, como se precisasse de um tempo para acolher a revolução que estava prestes a acontecer. Nunca havia visto um piano. Adotar uma certa distância, portanto, parecia fazer sentido para ele, ainda que por dentro a curiosidade e atração transbordassem de sua alma.

O caçula esperou até a madrugada para se apresentar. Com a casa adormecida, João deslizou para fora da cama, desceu até a sala e, diante do piano, sentiu-se hipnotizado pelo instrumento. Parecia maior, mais solene que quando fora desembalado. Ali estava uma orquestra inteira. Lentamente e com cuidado, abriu a tampa, retirou o pano verde que cobria as teclas e, fascinado, percorreu as notas com a mão que flutuava. Hesitava em apertá--las, sob o risco de que o som despertasse a família e encerrasse de forma abrupta a introdução silenciosa entre dois novos amigos. Seriam parceiros de uma vida inteira, com um amor ininterrupto entre namoros, traições, casamentos e separações.

No começo do século XX, o piano era sobretudo um instrumento tocado por mulheres e elemento de status social para uma classe média que começava a despontar. O novo segmento da sociedade havia conquistado algo inexistente até então: tempo livre e acesso à arte, uma realidade apenas para as elites. Como consequência, o piano passava a ser o testamento da posição privilegiada de uma família.

Para João, se tratava apenas de um piano e, como se fossem velhos conhecidos, o reencontro começou rapidamente a dar resultado. O garoto de apenas 7 anos, quinze dias depois, tocava o primeiro movimento da *Sonata ao luar* de Beethoven. Algumas semanas depois, para espanto de todos, interpretou 23 peças do *Livro de Anna Magdalena*. Abalado ainda pela perda da melhor amiga e pela situação que vivia na escola, João transformou o piano de armário em sua trincheira. Seu abrigo seguro. Um terreno em que parecia exercer controle e onde não era julgado nem oprimido.

Quando botou pela primeira vez as mãos sobre o piano, João se deu conta de que era seu lugar no mundo. E foi notado.

O progresso ocorria em uma velocidade que atordoava os professores, incrédulos com o que testemunhavam. Um ano depois, João ganhou o primeiro concurso da Sociedade Bach de São Paulo e, junto com o fraseado cada vez mais consistente e a técnica de um superdotado, construía também a resistência contra qualquer preconceito ou condição de pária. Aos 9 anos, seus primeiros recitais como solista começaram a ser organizados em São Paulo, no auditório do Instituto Sedes Sapientiae e em residências de mecenas paulistas. Ciente da genialidade do filho, José passara a se dedicar ainda mais à promoção do garoto.

Com frequência, usava os próprios recursos para comprar espaço de publicidade do jovem nos jornais. Quando um crítico escrevia algo com o qual não estava de acordo, rebatia com artigos pagos. Cada passo de sua evolução era ainda registrado com um gravador de fio de aço, um verdadeiro luxo para qualquer família no início dos anos 1950.

A FORÇA DO DESTINO

Depois de quatro professores diferentes, João finalmente pararia nas mãos do russo Joseph Kliass, ou simplesmente José Kliass, considerado, naquele momento, o melhor professor de piano do país. As aulas, dadas na casa da rua Brigadeiro Luís Antônio, não eram para qualquer um. O próprio Kliass selecionava seus alunos, e João teve primeiro de ser aceito pelo mestre.

O russo de origem judaica havia estudado no começo do século XX em Berlim com Martin Krause, secretário particular do compositor húngaro Franz Liszt. O suíço Edwin Fischer e o chileno Claudio Arrau ainda integravam a lista de alunos de Krause, mestre que teve papel decisivo para Kliass. Como ocorreu com milhões de europeus, porém, a Primeira Guerra Mundial mudou o destino do pianista, cuja escolha foi fugir das bombas e se instalar no Brasil.

Aos poucos, Kliass se estabeleceria como referência no ensino de música erudita no Brasil e sua casa passaria a ser parada obrigatória para músicos e artistas nacionais e estrangeiros em visita a São Paulo. Frequentaram seus salões personalidades como o barítono francês Gérard Sousay, o maestro belga Edouard van Remoortel, o pianista francês Walter Gieseking, o alemão Wilhelm Backhaus, o polonês Arthur Rubinstein e o compositor brasileiro Heitor Villa-Lobos.

Para o garoto que nem sequer havia descoberto as emoções da adolescência, Kliass não queria falar apenas sobre técnica ou ousadia para tocar peças de maneira veloz para impressionar. Isso, muitos poderiam fazer. O que o russo identificou em João foi a possibilidade de que sua busca pela sonoridade ganhasse um aliado indefectível. Com apenas 10 anos, sua arte interpretativa refletia vivências que apenas um adulto poderia ter acumulado. E Kliass não abria mão do nível rigoroso de exigência. Muito rigor.

João saía dos concertos e recitais de outros músicos, por sua vez, convencido de que era através da arte que queria se comunicar. Em muitas ocasiões, deixava as salas de teatro decepcionado e com uma pergunta: "Onde estava a emoção?" Alertado de que apenas sua incipiente genialidade não seria suficiente para transformá-lo num artista, João devotou-se ao piano. Mal chegava da escola e já iniciava suas seis horas diárias de estudo sobre as teclas, de escalas e técnica. Com disciplina de atleta, o músico construía repertório e respeito.

Aquele momento ainda coincidiu com a mudança de escola. Aos 10 anos, João deixou o ambiente de *bullying* para trás e foi para o colégio Liceu Pasteur, de São Paulo, uma oportunidade para se reinventar diante dos colegas. Agora, não era mais o garoto tímido e complexado por problemas de saúde. Era a promessa de um virtuoso que impressionava pela maturidade musical precoce.

Em pouco tempo, ele seria o pianista do coral da escola e sempre escolhido para qualquer jogo de futebol. Assumindo novo e inédito papel em sua vida, passou a ser popular. Sua liderança era ainda confirmada pela frequente presença de colegas, professores e funcionários da escola em seus recitais no Theatro Municipal de São Paulo. A autoconfiança de João era tamanha que nem mesmo alguns dos grandes mestres da música brasileira naquele momento pareciam constrangê-lo. Para Heitor Villa-Lobos, por exemplo, de passagem por São Paulo, Kliass organizou um pequeno recital de João. Após o almoço na casa do russo, Villa-Lobos ouviria o jovem pianista interpretar um concerto para piano e orquestra composto pelo próprio convidado.

O professor não disfarçava o sorriso de satisfação enquanto João percorria a obra diante do mestre que escutava atentamente. Até que uma ousadia do pianista quase provocou uma crise. Num dos trechos em que a partitura orientava o intérprete a tocar *piano*, que significa "suave" no jargão musical, o jovem decidiu que não era a melhor opção. E substituiu por um sonoro *forte*.

— O que é isso? Você está tocando para o compositor — desesperou-se o professor e anfitrião.

Villa-Lobos pediu para continuar e, ao final, tomou a palavra:

— Garoto, você é muito atrevido. Mas ficou mais bonito com uma sonoridade generosa.

De atrevimento, Villa-Lobos sabia bastante. Seus *Choros*, dos anos 1920, *Amazonas* e tantas outras obras revelavam um compositor disposto a abrir novas fronteiras. Sua atitude também evidenciava que o ato de desafiar fazia parte de sua personalidade.

Durante a Semana de Arte Moderna de São Paulo, em 1922, Villa-Lobos foi amplamente criticado e atacado. Mas deixou o local anunciando: "A coroa de vaias foi o que me cobriu de glória."[1] No ano seguinte, ao viajar

A FORÇA DO DESTINO

para Paris, declarou que estava indo para "ensinar e não para aprender".[2] Chegou a dizer "O folclore sou eu" e Mário de Andrade, antes de se afastar do compositor, qualificou-o como o "Homero brasileiro".[3]

Aracy Amaral, em seu livro *Tarsila: sua obra e seu tempo*, sobre a pintora brasileira, relatou ainda outro episódio que dava a dimensão do caráter de Villa-Lobos e, consequentemente, da ousadia de João Carlos Martins no recital para o compositor.

> Em seguida à sua chegada a Paris em 1923, Heitor Villa-Lobos foi convidado a um almoço no estúdio da pintora Tarsila do Amaral, no qual estavam presentes, entre outros, o poeta Sérgio Milliet, o pianista João de Souza Lima, o escritor Oswald de Andrade e, entre os parisienses, o poeta Blaise Cendrars, o músico Erik Satie e o poeta e pintor Jean Cocteau.
>
> Quando se falou sobre a arte de improvisação musical, Villa--Lobos, que já tinha extensa obra para piano solo, sentou-se ao Erard de concerto de Tarsila para improvisar. Imediatamente, Jean Cocteau, conhecido por suas boutades e gestos teatrais, sentou-se no chão, sob o piano, "para que pudesse ouvir melhor". Ao final da improvisação de HVL [Heitor Villa-Lobos], no entanto, Cocteau voltou à sua poltrona e atacou ferrenhamente o que ouvira: na sua opinião, a música que o compositor apresentara não passava de uma emulação dos estilos de Ravel e Debussy. Villa-Lobos imediatamente começou outra improvisação. Cocteau, no entanto, continuava intransigente questionando agora se uma improvisação podia ser feita dessa forma, sob encomenda. Os dois artistas começaram a discutir acaloradamente e por pouco não brigaram.[4]

Naquele início de percurso, Villa-Lobos teria papel fundador ao "permitir" que o pianista ousasse ser artista. João usaria a personalidade do compositor e a individualidade do intérprete como guias para sua música dali em diante. O encontro com o velho maestro incentivou-o a ter a mesma atitude em relação a qualquer compositor, inclusive Johann Sebastian Bach. Daquele almoço, saiu convencido de sua própria sensibilidade e passou a adotar uma nova abordagem ao escutar as obras dos compositores: conhecer a personalidade de cada um cuja música fosse executar.

No caso de Bach, o pianista leria cada uma de suas cartas para procurar nelas sua personalidade. As biografias, em que as intepretações já estavam dadas ou traduzidas, não bastavam. Ele buscava o punho do próprio artista. Anos depois, João se consolidaria como um dos maiores intérpretes da obra do alemão no mundo e referência para milhares de pianistas.

*

Na escola, porém, a dedicação não era a mesma que aos estudos de piano. João se salvava graças à sua memória fora do comum e que chegava a ser alvo de apostas e brincadeiras entre os colegas. Aos 13 anos, era capaz de memorizar uma página em poucos minutos e reescrevê-la praticamente sem erros. Usava o tempo do trajeto de carro pelas manhãs até o colégio para ler, decorar e substituir as horas que deveriam ter sido destinadas ao estudo de matemática, história ou biologia.

Certa vez, antes de uma prova de inglês, João se aproximou de uma das amigas, Cecília, para pedir cola do conteúdo que poderia cair. A garota lhe entregou algumas folhas e sugeriu que ele ficasse com elas, para não ser reprovado. Momentos depois, os papéis voltariam para a mesa de Cecília.

— Já decorei — disse João.

Sem acreditar no amigo, a garota o desafiou:

— Então fale tudo que estava escrito.

E assim João fez, para espanto dos que estavam ao lado.

Foi o mesmo dom que lhe permitiu memorizar, com apenas 14 anos, todo *O cravo bem temperado* de Bach. Como se estivesse contando uma velha história, saíram de seus dedos 48 prelúdios e 48 fugas integralmente decoradas e executadas com emoção – 96 peças revolucionárias para a história da arte, revelando a amplitude técnica que os instrumentos de teclado ofereciam e a base para a existência do próprio piano pelos próximos séculos.

Bach havia entrado na vida de João cinco anos antes, quando venceu o concurso da Sociedade Bach de São Paulo. A partir daquele momento – e pelo resto de sua vida –, as peças do compositor alemão passariam a ser o principal meio de João transmitir sua arte ao público.

A FORÇA DO DESTINO   47

Na escola, a memorização substituiu o aprendizado, deixando importantes lacunas de formação. Mas não abafou o momento mágico que viveu no Liceu.

*

Aos 17 anos, confiante e popular, João era um dos favoritos para vencer o prêmio do Concurso de Teresópolis, organizado pelo alemão naturalizado brasileiro Hans-Joachim Koellreutter. Professor e musicólogo, ele estudou composição em Berlim e flauta no Conservatório de Música de Genebra, na Suíça. Mas, em 1937, a família passou por uma crise. Ao ficar noivo de uma jovem judia em pleno domínio do nazismo, o músico foi denunciado pelos parentes à Gestapo e teve que se exilar no Rio de Janeiro. O fato mudaria a história da música no Brasil no século XX. Koellreutter defendia uma educação musical ampla como parte da formação integral do indivíduo, sendo irrelevante se o objetivo era se tornar ou não músico profissional.

Naquele festival, os três melhores intérpretes classificados ganhariam bolsas para estudar na Europa e, dentre os quarenta candidatos, João era um dos mais talentosos. Ele havia impressionado a todos durante o mês que permaneceu na cidade serrana do Rio de Janeiro e passou a ser chamado de o "jovem poeta do piano". Mas o jurado, ao anunciar os vencedores, concedeu-lhe apenas o terceiro lugar, para surpresa do auditório lotado, dos críticos e mesmo dos outros alunos. Berenice Menegale, com 25 anos, excelente pianista, admirada por João, ficou em primeiro lugar.

Enquanto os dois primeiros colocados iriam estudar em Viena, o terceiro faria uma estadia na Alemanha. Mesmo assim, o sentimento de derrota para a família Martins foi inevitável. João jamais subia ao palco para ter um desempenho que não fosse perfeito – atitude que, ao longo da carreira, o levaria até mesmo a cancelar de última hora recitais no Carnegie Hall.

Trinta anos depois, o pianista Heitor Alimonda confessaria ao próprio João, num jantar em sua casa, que havia votado nele e em Berenice para dividirem o primeiro prêmio. Mas antes o jovem garoto precisou aprender uma lição: a de que a carreira de um músico e os concursos de que participa devem ser pautados por sua arte e não pela pressão e campanha do pai em favor do prodígio. Lição dada, meses depois do evento em Teresópolis, João venceria o prestigioso Concurso Eldorado, principal teste nacional da época.

A realidade era que a obsessão do pai pelo sucesso do filho criava situações que nem sempre favoreciam o garoto. Se tinha a admiração dos adultos e dos mais velhos, inclusive da grande pianista Guiomar Novaes, que torcia por sua carreira, os colegas e concorrentes mais jovens desenvolviam por ele uma certa hostilidade. João, no fundo, precisava subir ao palco com dupla responsabilidade: ser perfeito e justificar assim que o marketing do pai tinha respaldo, ou seja, provar que era músico e não apenas uma peça publicitária, o que o deixava duplamente nervoso antes de cada recital. Para o pai, tratava-se apenas de uma prova de compromisso com o êxito do filho. Nada mais do que amor. João até chegou a ensaiar pedidos para que as campanhas não ocorressem, mas jamais os discutiu com os pais.

O objetivo era o sucesso e o pianista tinha consciência do que significava para sua família. Naqueles anos, o pai exigia que os filhos lessem livros do norte-americano Orison Swett Marden, que dedicou mais de cinquenta títulos ao ensino da busca pelo sucesso pessoal. Muitas de suas ideias eram baseadas no movimento do Novo Pensamento, que estabelecia a crença de que qualquer doença tem origem mental. Em 1897, Marden fundou a revista *Success*, nos Estados Unidos, que teve milhares de leitores.

Na casa dos Martins, o pai havia cuidadosamente encadernado os livros do autor, que decoravam a biblioteca como bússolas morais e de trabalho para os quatro meninos. Até o dia em que um deles deu a notícia – jamais confirmada – de que Marden havia cometido suicídio. No dia seguinte, todos os livros do famoso escritor que ensinava o mapa do futuro e servia de âncora para a família desapareceram das prateleiras. E nunca mais se falou sobre ele.

Blindado de qualquer influência negativa, João teve uma infância marcada pela disciplina, temperada com pitadas de opressão, por situações de *bullying* e, finalmente, pelo encontro com o piano que, conjuntamente à firmeza de espírito e coragem, lhe moldam a alma de artista. Durante esse período, estudou obstinadamente em busca do perfeccionismo, atrevendo--se a construir um trabalho de interpretação próprio e único. Foram anos que solidificaram no jovem pianista a rejeição a qualquer tipo de preconceito e profunda sensibilidade sonora, um percurso incompatível com as lágrimas, idioma silencioso da decepção.

Ninguém, nem mesmo Verdi, imaginaria que João seria atravessado pela força do destino.

3. O cérebro

Ela revela a sorte. É segurança e amor. Ilusionistas sabem de seu poder, assim como os artistas que deixaram para a humanidade obras como a Capela Sistina ou *A noite estrelada*. Sua precisão salva vidas, mas também pode colocar fim à existência. Ela se comunica, transpira, transmite indignação.

A mão. Ela conta uma história, independentemente da língua que se fale. Leva consigo um dicionário completo da emoção. Diretamente ligada ao cérebro, é parte da definição do ser humano. E, junto com o violão, a canção e a espada, vai desfilando e cantando liberdade.

Para João, as mãos eram seu instrumento de conexão com o mundo. Desde os primeiros anos sobre o teclado, sua evolução técnica surpreendia até os mais experientes músicos da época, acostumados a encontrar candidatos a gênios. Aquele garoto, porém, era diferente. O professor José Kliass já o colocava, aos 10 anos, para encerrar os recitais em grande estilo.

Sua estreia oficial como músico – e não mais como promessa – aconteceu aos 13 anos. No palco, um programa para impressionar: *Partita*, de Bach; uma sonata de Haydn; *Improviso*, de Schubert; *Cenas infantis*, de Schumann; *Rondó*, de Hummel; e dois estudos de Chopin. O recital ainda terminava com Debussy, Camargo Guarnieri, Villa-Lobos e o endiabrado Prokofiev.

Aquela noite no teatro Colombo, de São Paulo, havia sido transformada em um evento aguardado pela crítica, por músicos e por um público curioso para saber se os rumores sobre o surgimento de um novo prodígio eram reais. No auditório estavam personalidades da cultura brasileira como

Guiomar Novaes, Souza Lima, Antonieta Rudge, Felicja Blumental e o próprio Guarnieri, entre outros.

Ao final, ovacionado, João sentiu que havia encontrado seu lugar no mundo. Guiomar não escondeu o entusiasmo, afirmando que um talento como aquele só aparecia a cada cem anos, um elogio arrebatador de uma artista que dominou o cenário internacional na primeira metade do século XX. A pianista havia sido descrita pelo *New York Times* como a pessoa que recebeu um "sopro em seu ouvido" de um espírito que trazia os "segredos mais profundos de toda a harmonia".[1] No Conservatório de Música de Paris, ela havia recebido a atenção de mestres como Claude Debussy e Moritz Moszckowski. Naquela noite em São Paulo, sua energia estava toda destinada ao jovem músico.

Num bilhete enviado para a família de João no Natal de 1954, Guiomar qualificou o então garoto como "extraordinário". Não era exagero de sua parte considerá-lo um fenômeno. João havia praticamente gravado um disco no palco. Sem erros ou hesitação e com uma interpretação madura e coerente.

Mesmo assim, na privacidade de sua mente, um fato lhe chamou a atenção. Durante a execução da sonata de Haydn, uma nota não saiu como ele queria. Como se a ordem dada pelo cérebro não tivesse chegado aos seus dedos, sempre prontos. A festa, no entanto, foi de tal dimensão que, dias depois, o fato estava esquecido. Era hora de constatar que, na cena musical brasileira, uma estrela de primeira grandeza havia nascido.

Mas a sensação, inicialmente estranha, se converteu em uma nuvem escura e distante que, em certos momentos, voltava a se fazer presente como uma tormenta se formando no horizonte. Aos 15 anos, um novo episódio o afetaria. João encerrava uma audição com uma balada de Chopin e, ao se levantar para agradecer aos aplausos do público que lotava a sala, sentiu a mão direita se fechar, involuntariamente. O sorriso do garoto, por alguns instantes, deu lugar a uma testa enrugada. *O que seria aquilo*, pensou.

Os encontros no camarim abafaram qualquer preocupação mais séria. Não contou para ninguém o que experimentou por alguns segundos. Mais uma vez, tentou esquecer e se concentrar nos estudos. Ainda assim, inconformado e sabendo que tocava a peça de olhos fechados, ligou para Kliass e pediu que pudesse apresentá-la no domingo seguinte no recital que já estava

O CÉREBRO

marcado. Exigente consigo mesmo, não tolerava a hesitação. Quando o dia **chegou,** tocou-a sem obstáculos.

O ritmo de concertos era intenso. Em 1957, João lotou o Theatro Municipal por quatro fins de semana consecutivos para suas apresentações, nas quais explorava *O cravo bem temperado* de Bach. Em cada uma das datas, as filas dobravam a esquina do imponente teatro no centro de São Paulo. E, mais uma vez, os sintomas insistiram em se fazer presentes. No primeiro dos quatro recitais, também nos últimos minutos, João sentiu a mão fechar, ainda que não o bastante para alterar seu desempenho.

Ao tomar conhecimento do fenômeno que atingia seu filho, o pai insistiu que João dormisse durante a tarde e só fosse despertado pouco antes de sair para o teatro. Quando não dormia, ficava recluso e quieto, pensando em cada trecho das obras que iria interpretar. A manobra funcionou: pai e filho conseguiram resultados impactantes, e a prática tornou-se um hábito em sua carreira.

Inconscientemente e sem relacionar os sintomas com uma possível doença, João reservava parte das horas que passava sobre o piano para experimentar novas posições para as mãos. Não se tratava apenas da busca pela técnica perfeita. O pianista queria tirar daquelas teclas uma interpretação que emocionasse, que transferisse o público do auditório para um novo lugar. A posição das mãos, portanto, era fundamental. Mas ele também procurava conforto.

O fim da adolescência foi, de fato, um período de sucesso absoluto para João. Mudou-se para os Estados Unidos e, com apenas 23 anos, foi convidado para gravar *O cravo bem temperado* de Bach. Seu desempenho lhe valeu uma página inteira no *New York Times*, que anunciava ao mundo o feito do brasileiro. João havia sido escolhido como intérprete inaugural de um produto que passaria a ser uma espécie de tradição nos Estados Unidos. O Book of the Month Club tinha, naquele momento nos anos 1960, 5 milhões de associados. Tratava-se de uma espécie de associação na qual membros recebiam um catálogo para adquirir obras, que eram enviadas às suas casas. Desde 1926, o clube havia se dedicado apenas aos livros e, então, decidiu se lançar na distribuição de música. A empresa consultou vários críticos de música norte-americanos para saber qual peça deveria estrear a série e o segmento comercial. A coleção de *O cravo bem temperado* de Bach, interpretado por João, liderou as preferências e o álbum, com sete LPs, inaugurou a nova etapa.

A repercussão na imprensa especializada foi imediata. "Uma das mais destacadas gravações do ano, se não da década", escreveu Rafael Kammerer, do *American Record Guide*. O crítico ainda pediu "desculpas" aos demais intérpretes de Bach, mas insistiu que o desempenho do "pianista brasileiro de 25 anos" era um dos "mais emocionantes" que aquela geração veria.[2]

"Martins causou um eclipse em todos os outros pianistas na lista e se estabeleceu, com um só golpe, como um grande pianista e um músico excepcional", escreveu Bernard Jacobson, da *High Fidelity Magazine*.[3] O Book of the Month Club ainda comprou uma página inteira nos jornais americanos para anunciar, de mãos dadas com o brasileiro, sua chegada ao mercado fonográfico.

O sucesso foi imediato e estrondoso, numa sociedade em que a música era democratizada com as novas tecnologias que desembarcavam nas salas das residências de uma classe média norte-americana cada vez mais consolidada. O vinil e a vitrola já tinham sido criados décadas antes, mas foi nos anos 1960 que atingiram amplamente o mercado e transformaram a relação da música com a sociedade, as famílias e os indivíduos. Pelas páginas das principais revistas, desfilavam publicidades de tocadores de LPs da Westinghouse ou Philips. E João foi um dos escolhidos para liderar a revolução.

As gravações das obras de Bach ocorriam a partir das 8 horas da manhã, num estúdio na Broadway, em Nova York. Por duas horas e meia, João entrava num transe que raramente era testemunhado pelos técnicos de som e o trabalho dificilmente precisava de edição. Mas quando a primeira etapa terminava, perto das 10h30, a exaustão era visível. João sentia um desconforto no braço, que todos atribuíam à intensa energia sobre o piano. Ninguém desconfiava que um problema de saúde pudesse estar manifestando os primeiros sinais mais enfáticos.

Casado com a primeira esposa, filha de uma família de artistas renomados e com quem teve os dois primogênitos, João vivia em um endereço sofisticado de Nova York. Seu apartamento na 30th West 86 ficava próximo do Central Park, e era ali que o músico tentava se recuperar da dor que sentia durante as gravações. Em casa, permanecia por duas horas numa

O CÉREBRO

banheira com água quente para relaxar os músculos e, depois, deitava-se por mais algumas horas.

Para a gravação seguinte, após três dias, João estava de novo em plena forma. E foi assim que, em doze sessões, no coração artístico de Nova York, o pianista registrou uma das obras mais importantes da história da música e entrou na casa de milhares de americanos.

João parecia ter conquistado até mesmo os mais exigentes críticos americanos, como Paul Hume. No jornal *The Washington Post*, ele publicou em 1962 que o brasileiro "poderia tocar de forma mais fantástica e fenomenal com uma bandagem no polegar que uma dúzia de pianistas com os dedos soltos". "Ele é um homem que nasceu para fazer grandes coisas",[4] escreveu.

O colunista era conhecido por suas ferozes críticas e por não poupar ninguém. Em dezembro de 1950, ele atacou a apresentação de Margaret Truman no Constitution Hall, afirmando que a cantoria "não melhorou nos anos em que a ouvimos - e ainda não consegue cantar com algo que se aproxime de um acabamento profissional".

A intérprete era filha do presidente americano Harry Truman. No dia 6 de dezembro de 1950, o próprio chefe da Casa Branca escreveu ao crítico que o jornalista era "um velho frustrado que gostaria de ter sido bem-sucedido". "Quando você escreve uma bobagem como a que foi publicada na última seção do jornal para o qual trabalha, isso mostra de forma conclusiva que você está fora de si e que pelo menos quatro de suas úlceras estão em atividade", disse o presidente. "Espero conhecê-lo algum dia. Quando isso acontecer, você precisará de um novo nariz",[5] alertou o presidente americano.

João não tinha o que temer. Foram anos de uma intensa agenda de recitais em um país que vivia a ebulição de um crescimento econômico e cultural. João fechava sua agenda de apresentações com meses de antecipação, enquanto seu agente negociava cachês cada vez mais lucrativos, salas lotadas e parcerias de luxo com os grandes nomes e orquestras dos anos 1960. Apesar da pouca idade, o brasileiro fincava seu nome como referência da elite musical do maior mercado do mundo.

4. João e Johann

Se João representava a ousadia e fazia tremer a cena musical americana, tal impacto se deveu ao fato de ter se aliado ao homem responsável por uma das maiores revoluções na estética musical e que recusou qualquer tipo de tirania sobre seu processo criativo: Johann Sebastian Bach. Com seu *O cravo bem temperado*, a obra escolhida pelo pianista brasileiro como cartão de visita, Bach transformou a arte para sempre pouco mais de trezentos anos antes.

Na introdução dos 24 prelúdios e 24 fugas, o compositor os descreveu apenas como uma obra "para o benefício e uso de jovens músicos ansiosos para aprender".[1] O que Bach talvez jamais imaginasse é que a peça que brotou de sua genialidade se consolidaria como a mais influente do repertório do piano e marco da forma como se escuta música no mundo até hoje, redefinindo a afinação dos instrumentos e a constituição dos grupos musicais e influenciando de modo dramático os compositores que surgiriam depois dele.

Nascido em 1685, a vida de Bach coincidiu com uma transformação tecnológica inédita nos instrumentos musicais. Sua carreira foi marcada por criações para órgão ou para cravo, e apenas em 1747, ao visitar o rei Frederico II, o alemão experimentou a recente invenção chamada *piano*. Os modelos incipientes que existiam na primeira metade do século XVIII não o atraíam e só no final de sua vida o novo instrumento passou a ser uma referência entre os monarcas e a elite local.

Até aquele momento, os intervalos entre as notas musicais não tinham base harmônica. Os semitons ficavam em posições diferentes e cada um soava de um jeito. Cabia ao compositor e aos intérpretes escolher e buscar a melhor alternativa. Os instrumentos de teclado viraram verdadeiras dores de cabeça, já que não podiam ter a mesma afinação em todas as claves, proporcionando uma série de polêmicas e discussões que dominaram o debate musical.

Uma opção a essa situação insustentável – que muitos julgaram inevitável – foi proposta pelo organista Andreas Werckmeister: dividir a oitava em doze tons, ou, simplesmente, adotar o sistema de entonação *bem temperada*. Sem ele, o dó sustenido e o ré bemol seriam duas notas diferentes e o piano teria de ter mais um metro, inviabilizando a existência do instrumento.

Bach, portanto, fez de seu *O cravo bem temperado* um certificado de garantia e testamento da eficiência do sistema de Werckmeister. Para muitos, ele inaugurou uma nova era na arte da música.

Não eram apenas as transformações tecnológicas que criavam polêmicas naqueles anos. Em 1717, Bach foi preso. Seu crime inafiançável: querer partir da corte de Wilhelm Ernst, o duque de Weimar. O poderoso aristocrata havia introduzido Bach à corte, mas o compositor não estava satisfeito nem com as condições de trabalho nem com a qualidade dos músicos contratados pelo duque para executar suas obras. Tentou pedir demissão, rejeitada pela autoridade de Weimar. A solução encontrada foi colocá-lo na prisão, esperando reduzir sua resistência e fazê-lo entender que permanecer na corte era o melhor para ele e sua família numerosa.

Fechado na cela, em silêncio, indignado e sem instrumentos, Bach optou por outro caminho. Iria compor. E muito. Foi ali que iniciou a criação de *O cravo bem temperado* e, durante as quase quatro semanas que passou enclausurado, desenhou o que o compositor Hans von Bülow chamaria mais tarde de "o Velho Testamento" dos pianistas.

De fato, as 48 peças foram a base de estudos de gênios como Mozart; em sua sinfonia *Heroica*, Beethoven recupera o caráter de Bach; Chopin fez 24 prelúdios inspirados nos temas do compositor alemão; Schumann qualificou-as como a "obra de todas as obras"; Dmitri Shostakovich e Alexander Scriabin escreveram composições profundamente influenciadas pela criatividade estabelecida naquelas peças. Síntese e origem da música ocidental como se conhece hoje, Bach abriu as portas para novas dimensões. Se Heitor Villa-Lobos pôde escrever as *Bachianas brasileiras* – e não "Mozartianas brasileiras" – foi pelo caráter universal do legado de Johann Sebastian Bach.

De fato, séculos depois, esse mesmo personagem central entre os músicos teve papel-chave em moldar um jovem pianista, num continente onde o compositor jamais imaginou pisar. Bach entrou na vida de João Carlos Martins quando ele ainda tinha 9 anos. O garoto venceu um prêmio executando justamente as obras do mestre alemão. O gosto por Bach era também uma influência do pai, sempre presente em sua educação. Repetindo o que havia lido, ele insistia com o filho que era indispensável tocar "o maior compositor de todos os tempos" para ser considerado um músico. Não deixava de ser verdade.

A estratégia do pai para convencer João sobre a importância de Bach não se limitava às partituras. O menino ganhou biografias do compositor, incrementando a rotina já diária de leitura. Em sua mesa estavam Eça de Queiroz, José de Alencar, Machado de Assis e muitos outros. Mas ele foi além. Não fazia sentido apenas ler a história de Bach, saber quantas esposas teve, quantos filhos chegaram até a vida adulta ou como sua vista havia sido prejudicada. Não bastava saber onde tinha nascido, como eram as relações de poder entre os duques ou o papel da arte na vida política daquele momento.

João queria saber o que pensava o gênio, o que sentia e o que dizia sobre as condições de sua vida e arte, queria conhecer o músico, enfim. Para isso, foi atrás de um livro sobre as cartas que Bach escreveu de próprio punho. Assim, acreditava que poderia traduzir, em sua interpretação das obras do mestre, o que o atravessava emocionalmente. Situar uma obra não era apenas submetê-la ao padrão cronológico da história da música e repetir as regras que supostamente valeriam para todos. João queria saber o que movia o compositor no ano específico de cada uma de suas criações.

Nas cartas, ao contrário do caráter épico das biografias, que versavam sobre a grandeza de sua obra, porém, João descobriu que Bach tinha fortes traços de humildade e almejava formas de garantir condições adequadas de exercer sua criatividade sem ser perturbado. Em 1739, num texto enviado ao amigo George Erdmann, contou sobre dilemas pessoais e a busca por trabalho.

60 O INDOMÁVEL

Já se passaram quase quatro anos desde que você respondeu minha última carta. Lembro-me de que me pediu para relatar minhas dificuldades, o que gostaria de fazer agora. Desde nossa juventude, o senhor conhece minha carreira, até minha mudança para mestre em Koethen. Lá, encontrei um soberano humano e competente como meu empregador e senti meu serviço como uma posição de vida futura. Mas meu soberano se casou com uma princesa e não tinha mais interesse ou tempo para a música – talvez porque ela não gostasse de música como ele – e havia um emprego como professor de música em Leipzig.

Embora eu não quisesse deixar de ser um compositor de tribunal para ser um professor de música, por isso hesitei por três meses em tomar uma decisão, eles tornaram esse cargo tão empolgante que um dia (porque meus filhos também queriam estudar), que em nome de Deus eu viajei para Leipzig e toquei para eles, consegui esse emprego e ainda o tenho hoje. No entanto, por um lado, porque esse emprego não paga nem de longe o que me disseram antes e, por outro lado, não há nenhum pagamento extra, além disso, o custo de vida é imensamente alto e meu supervisor quase não se interessa por música e eu também sofro bullying, agora estou procurando – com a ajuda de Deus – um novo emprego, não importa onde.[2]

"Um novo emprego, não importa onde." Impensável imaginar que essa fosse a situação de Bach lendo apenas sobre suas paixões e seus concertos. Naquele momento, sua popularidade não se comparava à de seus contemporâneos e, não por acaso, após sua morte, as cantatas e obras religiosas deixaram de figurar nos principais programas artísticos na Europa. Felix Mendelssohn ironizou, um século depois, que um judeu – ele mesmo – tivesse trazido Bach de volta à cena mundial recuperando e reapresentando uma de suas obras-primas à sociedade cristã, *A paixão segundo São Mateus*.

Ao estudar sobre quem era Bach, e não apenas sobre o que ele compunha, o objetivo de João era fazer emergir essas histórias em cada uma das peças: traduzir para a sua interpretação ao piano, por exemplo, a declaração de que foi em Koethen que viveu seus dias mais felizes; criar um clima de profunda tristeza numa das sarabandas, escritas logo após a morte de um dos filhos. Já no final da vida, Bach estava ficando cego, fez uma operação nos olhos que foi um fracasso e estava abalado com a morte de outros filhos. Como consequência, sua música perde o caráter romântico e dá lugar a uma atitude mais matemática, respeitando apenas os tempos escritos.

Inútil, portanto, ignorar os acontecimentos e apenas seguir o que dizia a partitura. Uma interpretação mais arrojada ou mais serena deveria estar em sintonia com o percurso de vida e com o espírito do compositor. João não queria apenas executar as notas que Bach tinha escrito, mas sua vida. Desejava, acima de tudo, contar uma história sobre ele.

Na busca obsessiva de fazer reviver Bach através de suas mãos, João acabou sendo enormemente influenciado não só em termos de trajetória, mas também nas atitudes. O pianista passou a ter a marca de insubordinado e irreverente em seu círculo de parentes.

Filho de família conservadora em que a palavra divórcio sequer era admitida, aos 27 anos, ele foi o primeiro a se separar e percorreu um caminho próprio para forjar sua identidade. A coragem e a inspiração vieram, em parte, do que havia aprendido com Bach. Ao estudar a vida do compositor, João percebeu que existia um comportamento de permanente desafio aos padrões da época. Um confronto direto às convenções. Bach, entretanto, jamais foi descrito como rebelde. Ciente de sua influência, mas também das limitações de um músico, enfrentou o sistema. Mas sem ofendê-lo. Transformou as regras e mudou o destino da cultura, reformando o que existia e convencendo anfitriões e mecenas.

Sem romper ou promover uma insurreição, Bach fez na prática uma revolução cultural na corte de Leipzig. Seu instrumento foi o Collegium Musicum, organização musical fundada por Georg Philipp Telemann, o grande nome daquele momento, influente e cobiçado. O grupo já havia se transformado num eixo de arte central na cidade, rompendo com dogmas e permitindo que a música secular ganhasse os cafés locais, como o Zimmermann ou outros na rua Catherine. Uma de suas regras era a de não ter programas fixos nos recitais – *"in lockerer Abfolge"* – e que os músicos interpretassem as obras de primeira, sem ensaios – *"und in der Regel ohne vorherigen Proben prima vista"*.

62   O INDOMÁVEL

Quando Bach assumiu o Collegium Musicum, portanto, sabia que poderia ousar, mas sempre buscando formas de não promover confrontos com o poder estabelecido. Não por acaso, o alemão incluiu na programação de 1733 três cantatas para homenagear o pai de Frederico II, além de ampliar a participação de obras que pudessem atender aos interesses dos nobres locais. Sua habilidade diplomática tinha um objetivo: ser nomeado como o compositor da corte, o que acabou ocorrendo poucos anos depois. Bach foi tão bem-sucedido na condução do Collegium Musicum que indicou, em 1737, seu ex-aluno Carl Gotthelf Gerlach para assumir o grupo.

Mesmo em relação ao episódio da prisão, sua atitude demonstrou inteligência diplomática. Em lugar de afrontar a ordem, que carecia de motivo criminoso, Bach optou por apostar no tempo. Os documentos de Weimar confirmariam: "Em 6 de novembro de 1717, Bach, até então Konzertmeister e Hoforganist, foi preso na sala de justiça por exigir obstinadamente sua demissão imediata. Ele foi libertado em 2 de dezembro com uma permissão relutante para se aposentar do serviço do Duque [duque Wilhelm Ernst]."[3]

O duque havia desistido da ideia de convencê-lo a permanecer na corte sabendo que ele estava decidido a encontrar espaço para sua criação. Bach sabia do que era capaz. Ao sair da prisão e assumir um novo cargo em Koethen, compôs algumas de suas obras mais importantes, entre eles os *Concertos de Brandenburgo*.

Mais tarde, a mesma sorte não teve o trompista da corte que, ao pedir demissão, foi também enviado para a prisão. August Ernst, sucessor do duque Wilhelm Ernst, foi mais incisivo em sua resposta quando o músico tentou fugir, enforcando-o como lição aos demais.

A diplomacia e a paciência de Bach fascinavam João tanto quanto sua construção musical. Essas atitudes norteariam a vida do pianista sempre que o objetivo fosse a promoção da arte. Em São Paulo e em recitais pelo mundo, João percebia sua interpretação ganhar força e sentido com as obras de Bach. Ainda jovem, ao passar horas sozinho sobre o teclado do piano, eram trechos das peças do alemão que o levavam quase às lágrimas. Por sua imaginação, a vida, os dilemas, os lutos do compositor que havia descoberto nas cartas emergiam.

JOÃO E JOHANN

Ele sentia que começava a ser o pianista que buscava ser desde a infância. Técnica não lhe faltava. Ainda moleque, apostava com Nelson Freire quem faria o percurso cromático completo pelo piano com mais velocidade. Um tipo de estripulia a que apenas dois profissionais com talento indiscutível poderiam se atrever.

Havia, de fato, uma cumplicidade entre João Carlos Martins, Nelson Freire e Arthur Moreira Lima, jovens promessas da música brasileira. Aos 16 anos, Nelson, que era carioca, viajou para São Paulo para gravar o *Concerto nº 3* de Prokofiev e se hospedou com a família Martins. A rivalidade existia apenas entre os críticos, que estimulavam uma disputa entre São Paulo e Rio de Janeiro. Os três músicos, ao contrário, se prestigiavam em recitais. Em certa ocasião, quando João estava se apresentando no Rio, Lúcia Branco, professora de Nelson e Arthur, levou todos os alunos para ouvi-lo e entregar a ele uma placa de prata.

Embora tivesse muita técnica, era a constante dor que parecia permitir a João o crescimento musical e a transformação de qualquer obra em esforço para transmitir emoção. Mesmo em peças tecnicamente complexas, o que sobressaía era a interpretação. João convertia, de forma involuntária, feridas em música. O tempo não curava sua dor.

Essa característica marcaria a carreira do pianista a partir da adolescência. Numa aula de rotina com Kliass, ao tocar a *Balada nº 1* de Chopin, João notou que o mestre não continha as lágrimas nos olhos. Sentado do lado esquerdo do professor naquele banco, fingiu que não viu. Mas entendeu que a emoção do professor russo representava uma chancela de sua ousadia. Valia a pena ser expressivo. Ele queria fazer poesia.

Ao seu lado, Kliass oferecia a base e o esqueleto da construção de uma interpretação. Mas permitia que seus alunos viajassem para a direção que lhes parecesse mais adequada. Eram aulas em que se incentivava a liberdade de expressão do artista. João e os demais alunos eram expressamente autorizados a fazer incursões dentro da arte interpretativa.

Para cada peça de Bach, portanto, havia uma preparação por parte de João. Dissecada, a obra era avaliada em sua estrutura. O pianista identificava onde estava seu ponto culminante e construía sua interpretação como um caminho até o momento de clímax. Não se tratava de simplesmente permitir que a emoção tomasse conta. Ela era estudada, ensaiada, trabalhada. A construção quase científica do sentimento.

João importara para o piano o conceito da proporção áurea, originário da matemática e que ganhou o símbolo da letra grega Phi, uma homenagem ao criador do Partenon, Fídias. A proporção divina, como também é chamada, se confunde com a história da arte, diante da busca de pintores, escultores e até cineastas para trazer equilíbrio e simetria a suas obras.

O filósofo e crítico alemão Walter Benjamin também fazia parte de suas considerações, em especial em relação à análise de que uma obra de arte precisa manter sua "aura", uma espécie de capacidade de ser singular e autêntica, de ter uma existência única no tempo e espaço. Para Benjamin, a mera reprodução não a faz presente, uma característica da era moderna e que ameaça o próprio sentido da arte.

No piano, João se colocava no papel de narrador de uma história, assumindo a necessidade de atualizá-la, permitir improvisações, encontrar a proporção divina e trabalhar com o objetivo de que sua interpretação não fosse uma mera reprodução. Ao mergulhar no estudo de Bach, o músico destrinchou a própria matemática do compositor, estabelecendo padrões em sua obra. Era ainda imprescindível transferir ao piano a clareza do cravo e a cor do órgão. Levar ao público o Bach das igrejas e o Bach das cortes, respeitando a origem de cada uma das peças. O detalhamento chegava ao ponto de escolher quais vozes ganhariam prioridade na interpretação. Quando Bach busca o sagrado, como no "Prelúdio nº 8" do primeiro livro de *O cravo bem temperado*, é com os sopranos que o efeito ganha sentido. João, portanto, traduzia isso para o piano. A obsessão do alemão pelos sopranos não era apenas impressão de João. A admiração por eles estava nas cartas que havia escrito, inclusive para Anna Magdalena, sua segunda esposa.

Recriar Bach no piano contemporâneo, com a emoção no centro, era a missão de João, mesmo que tivesse que modificar ao longo da carreira a forma de tocar as mesmas peças. Aos 23 anos, sua gravação do "Prelúdio nº 1" de *O cravo bem temperado* havia sido impecável. No entanto, quando voltou aos estúdios com 38 anos para gravar a mesma peça, optou por um caminho radicalmente diferente. Interpretou-a como se estivesse atrás de uma cortina, encenando um compositor reflexivo e audacioso ao explorar todos os tons. Um som quase sussurrado, como se ouvisse de longe as modulações. Um desembarque do espírito de Bach, etéreo. Ralentando frases e até fazendo uma pequena parada no ápice da obra. João imaginava a cela em Weimar, onde o compositor criou sua obra, e o desejo de glorificar o sistema temperado, a base da música ocidental. Como Bach não fez qualquer indicação de dinâmica nas partituras, João deliberadamente executou sua interpretação como a tentativa de sair da cela para depois, numa mudança radical de textura, entrar no teatro de fato a partir da fuga que dá seguimento à peça. Ali, ele era o narrador de uma história.

A mesma liberdade interpretativa foi adotada na gravação que o pianista fez do "Concerto nº 5" dos *Concertos de Brandenburgo*. João considerava a *cadenza* como a mais importante já composta e, portanto, era necessário abrir espaço para que fosse realçada. Bach, em sua opinião, queria mostrá-la ao mundo. No estúdio, diante do regente e de uma orquestra, pediu que os músicos diminuíssem a sonoridade antes de o solista tomar o centro do palco. Ao desenvolver a *cadenza*, porém, fez com que a peça ganhasse um ritmo forte, com explosões rítmicas e energia. Aquela era, para ele, o protótipo das *cadenzas* das eras moderna, romântica e clássica.

Sua ousadia lhe valeu reconhecimento internacional. Para alguns dos críticos, a forma pela qual o brasileiro interpretava exigiria que Bach retirasse a peruca para reverenciá-lo. Na Alemanha, João foi considerado, ao lado de Daniel Barenboim e Martha Argerich, um dos grandes intérpretes do compositor alemão.

Em 1969, num sofisticado restaurante de uma Nova York em ebulição, Salvador Dalí se apresentou à mesa onde estava o pianista brasileiro. Naquele encontro, o pintor disse ao pianista que ficara sabendo que ele era um dos grandes intérpretes de Bach no mundo. E lhe deixou um conselho: "Diga a todos que você é o maior intérprete de Bach no mundo. E, em 30 anos, eles vão acreditar. Faz trinta anos que digo que sou o maior pintor do mundo. E já há quem acredite."

A música foi um elemento persistente dos sonhos transformados em arte de Dali. No violoncelo do *Instrumento masoquista* (1934), no *Piano surrealista* (1937) ou na *Arte do concerto* (1944). Mas, acima de tudo, o pintor considerava que um dia seria admitido que o que batizamos de realidade é uma ilusão até maior que o mundo dos sonhos. O pianista, ao longo de seu percurso, rebatizou a realidade sempre que ela era incapaz de permitir que a vida fosse arte.

João tocava Bach assumindo enormes riscos. Mas sempre ciente de que o compositor se tornou central na história da arte por jamais se submeter aos padrões das cortes, das igrejas ou dos mecenas. Um homem que se dedicou à revisão constante do próprio trabalho e ao compromisso inabalável com a perfeição, mesmo quando, já nos últimos anos de vida, estava cego e recluso em um quarto escuro. Um compositor que, em 1747, fora desafiado pelo rei Frederico II, em Potsdam, a improvisar sobre um tema que o monarca apresentaria. O resultado foi a composição completa de uma fuga em três partes, para surpresa de todos os presentes. Pouco tempo depois, Bach presentearia o rei com uma *Oferenda musical*, baseada no tema proposto pelo monarca. Ali estava o embrião de algo que, séculos depois, ganharia o nome de jazz.

Bach criou profecias musicais e provocou uma revolução cultural com um estilo que misturava perseverança, genialidade e diplomacia. Um computador com alma, capaz de fazer João chorar ao gravar a sarabanda da *Suíte francesa nº 5 em sol maior*, que, segundo seu desejo, já informado às rádios, deve ser tocada quando ele morrer.

Foi pelas mãos do brasileiro que Bach foi narrado e atualizado para a nossa época em gravações e recitais históricos. Mas, assim como ocorreu com músicos de muitas gerações, foi pelas obras de Bach que João Carlos Martins passou a existir como pianista.

5. Disponível para cancelamentos

Na vida de João Carlos Martins, o sucesso não era seu destino. Ao longo das décadas, ficou claro que era a construção de um caminho. Uma rota, repleta, porém, de obstáculos e que, à maneira de um caleidoscópio, que forma imagens inesperadas a cada giro, surpreendia a todos.

Junto com o êxito – recitais lotados, gravações históricas e fama de referência internacional – vinha também a constatação de que a dor nas mãos não era um episódio isolado. Em 1963, aos 23 anos, num concerto em Long Island, Nova York, João se surpreendeu de novo ao sentir que o quinto dedo da mão direita começava a se curvar. Como estava já nos últimos minutos da apresentação, conseguiu administrar o problema e concluiu a noite sob intensos aplausos. Ninguém notou. Mas ele ficou preocupado.

Nas semanas seguintes, em outro recital na costa oeste do Canadá, o mesmo dedo voltou a dar indicações de que se curvaria para dentro. Enquanto tocava, sem querer interromper a execução, buscou novas posições com o intuito de impedir que a batalha travada entre a mão e a mente fosse vencida pela dor. Conseguiu enfim posicionar o cotovelo de um modo pouco familiar, possibilitando ao dedo desobediente cumprir as ordens enviadas pelo cérebro.

Pouco tempo depois, ao terminar outro concerto nas proximidades da cidade de Nova York, entendeu que tinha chegado a hora de encarar a situação. Telefonou para seu agente e decretou que, pela primeira vez, teria de cancelar a participação no Festival Bach, um de seus mais importantes recitais, marcado para a semana seguinte no prestigioso Lincoln Center, epicentro da música em Nova York. Como a programação da noite seria longa, tinha receio de que simplesmente não tivesse condições de ir até o fim. Interromper a apresentação teria repercussão mais negativa, em sua visão, que abortar a data agendada. João foi substituído pelo pianista austríaco Jörg Demus, também um especialista no mestre *Kantor*.

Embarcou em um voo para Washington com um destino certo: a casa de Leon Fleisher, em Baltimore, o maior pianista norte-americano, que havia concordado em ajudá-lo a "endireitar" a mão. Ao longo de três meses, João seguiu as orientações e métodos de Fleisher: iniciar os estudos sempre de maneira intensa, e que a mão aprendesse a relaxar depois de cada nota. Amigos e confidentes, Leon e João desenvolveram uma relação que perpassaria a carreira de ambos. Décadas depois, João faria parte do conselho da Leon Fleisher Foundation.

A ironia, que Fleisher jamais poderia imaginar, é que ele começava a passar pelo mesmo drama de ter os dedos misteriosamente se curvando para dentro. No inverno de 1963, o pianista notou o que chamou mais tarde de "preguiça" e "dormência difusa" na mão direita. Quando o verão chegou, dois de seus dedos davam sinais evidentes de movimentos involuntários em direção à palma da mão.

Ele vivia o auge da carreira e tais sintomas não poderiam ter aparecido em pior momento. Naquele ano, planejava comemorar o vigésimo aniversário de sua estreia em Nova York com uma temporada exuberante que incluía uma turnê pela União Soviética. Mas todos os concertos acabaram cancelados e Fleisher foi cruelmente obrigado a se afastar dos palcos. Anos depois, chegou a pensar em suicídio diante da incapacidade de ver sentido numa vida longe do piano.

João naturalmente não queria o mesmo destino. No início, acreditou que os estudos propostos por Fleisher tinham dado resultados positivos. Voltou a tocar, subiu aos palcos e foi aclamado. Respirou aliviado, certo de que havia apenas sobrecarregado a mão. Não cogitava a possibilidade de ter a carreira abalada por uma questão de saúde.

Tudo, porém, não passou de ilusão. Quatro meses depois, os dedos da mão direita voltaram a se curvar, para seu desespero. Estava claro que não se tratava de buscar uma solução musical ou técnica para o problema. Era preciso um médico e, após estudos e pesquisas de ponta em Nova York, os maiores especialistas insistiram que João não tinha um problema de ordem física na mão, mas psicológica. Sugeriram que era o resultado da tensão permanente de subir ao palco e da autocobrança por excelência. Outra possibilidade nesse sentido era a de tinha iniciado uma carreira internacional antes de alcançar maturidade suficiente para lidar com uma vida extraordinária e exigente. Talvez tenha sido uma carreira precipitada que, agora, cobrava seu preço.

João não acreditava nessa versão. Era o único a afirmar que não era algo psicológico. Estava completamente seguro musicalmente, dominava a técnica e sentia enorme prazer em subir ao palco. Argumentava que, ao acordar pela manhã, poderia interpretar a peça que fosse. Seu repertório era dos mais ambiciosos e não considerava nada impossível. Duas horas depois, no entanto, os primeiros gestos incômodos começavam a surgir.

Recuperou uma velha estratégia do pai e fez uma sugestão a Jay, seu empresário: em todos os teatros em que fosse se apresentar dali em diante, chegaria depois do almoço e dormiria no camarim até quinze minutos antes do concerto. Seria como se estivesse acordando às 7 horas da manhã. Um drible no cérebro que funcionou bem por algum tempo. Nem os críticos nem o público nem os maestros das orquestras que o acompanhavam notaram qualquer problema. A carreira, assim, pôde continuar em grande estilo, sem cancelamentos.

*

Além do piano como lugar preferido no mundo, João também tinha paixão pelo futebol, um esporte ainda pouco difundido nos Estados Unidos nos anos 1960. Pelé e o time em que jogou, o New York Cosmos, ainda não tinham chegado, e outras modalidades dominavam o cenário midiático no país. Mas para o músico brasileiro em plena forma física aos 24 anos de idade, jogar bola havia se transformado num programa de praticamente todos os fins de semana. O campo? O vizinho Central Park.

Numa dessas partidas despretensiosas entre amigos, o sempre competitivo João, na posição de ponta-direita, levou um tombo. Ao cair, uma pedrinha entrou em seu braço. Enquanto o sangue escorria, ele a retirou e queria imediatamente voltar a jogar, mas foi orientado a ir a uma farmácia antes, numa das esquinas do parque, para desinfetar o ferimento. Não parecia ser nada sério. O calor do jogo e a vontade de continuar em campo anestesiavam a ferida supostamente irrelevante e que seria lembrada apenas como consequência de um dia de futebol.

Semanas depois, João sentiu algo diferente no braço e, numa consulta médica, constatou-se que um nervo havia sido machucado, provocando atrofia em três dedos. À medida que as semanas passavam, o atrofiamento se intensificou e, sem alternativa, um neurocirurgião da Universidade de Nova York recomendou que João fosse operado. A pelada no Central Park acabou resultando, em 1964, na interrupção de mais de um ano na carreira de João. A música foi substituída por sessões de fisioterapia na companhia de outro João que também havia optado por construir a carreira em Nova York: João Gilberto, ícone da bossa nova.

Se para o João pianista as sessões eram consideradas essenciais para sua recuperação, para o João cantor eram pura mania. O compositor de algumas das principais canções que embalaram aqueles anos insistia que havia uma "poeirinha cósmica" em seu desempenho que precisava ser resolvida com fisioterapia. Ninguém parecia acreditar nele, mas a companhia significava para o pianista uma aliança extra na busca pela perfeição e apoio moral indispensável.

Juntos, João Carlos Martins e João Gilberto faziam sempre o mesmo percurso: deixavam o hospital e caminhavam até a loja da Varig, na Quinta Avenida, para ler os jornais brasileiros e descobrir o que estava acontecendo nos primeiros dias do golpe de Estado de 1964. Muitas das idas em busca de notícias ainda eram acompanhadas por Miúcha, numa rotina que durou alguns meses. A terapia criou um vínculo permanente entre os dois, que duraria até o fim da vida do artista da MPB. João, o pianista, criou o hábito e a superstição de telefonar a João, o compositor, cada vez que ia enfrentar um grande teatro nos Estados Unidos. Em seu inconsciente, havia substituído a sessão espírita da mãe e a encarnação de Verdi pela voz macia do mestre da bossa nova, que lhe fazia sempre a mesma sugestão mágica:

— Não se esqueça da poeirinha cósmica.

A operação, a recuperação e a companhia deram um resultado acima do esperado. Em 1965, com 26 anos, o pianista estava de volta. Inicialmente, seu ressurgimento gerou polêmica e dezenas de artigos nos jornais, sendo inclusive capa do *Washington Post*. Afinal, não era sempre que um dos maiores músicos da atualidade se atrevia a tocar com três dedeiras de aço. Era o atalho que havia encontrado para retornar mais rapidamente ao circuito dos palcos americanos. Nos intervalos dos recitais, João as retirava, pois inchavam a mão. Mas as cenas das apresentações, ainda mais impactantes devido à velocidade dos dedos no teclado, haviam dominado o debate no meio artístico.

As dedeiras não mascaravam apenas a dor. A realidade é que o acidente no jogo de futebol, a operação e a recuperação ajudaram o pianista a camuflar o que, de fato, era o maior desafio de sua carreira: o movimento involuntário dos dedos. De uma maneira improvisada e sem um gesto deliberado, João construiu em seu inconsciente um argumento tão real quanto enganoso. Se um dia tivesse de abandonar o piano, o acidente serviria como a desculpa perfeita. Tanto ele quanto os amigos mais próximos sabiam que se tratava apenas de um acidente. Nada mais que um acidente. Mas que passaria a ser usado para esconder uma vulnerabilidade para a qual ninguém tinha a cura.

Com o retorno de João à cena musical norte-americana, Leon Fleisher voltou a procurá-lo, desta vez para confessar que enfrentava o mesmo problema. Juntos, buscaram tratamento e, cada vez que um deles descobria uma nova posição para mãos e braços que lhes trouxesse mais equilíbrio, compartilhavam a novidade na esperança de salvar suas carreiras.

Em cada concerto, multidões lotavam os teatros para, ao mesmo tempo, viver a superação e a arte. Ali, não estava mais apenas um pianista. Era um ser humano que, lidando com dificuldades físicas, fazia questão de provar ao mundo – e acima de tudo a si mesmo – que era imbatível. De fato, era a imagem que ele conseguia transmitir, em grande parte graças à genialidade. Numa sexta-feira pela manhã, o telefone do apartamento de João tocou. Do outro lado, seu empresário Jay lhe lançou uma pergunta:

— Você toca o concerto de Aaron Copland?

Sem hesitar e sem jamais ter visto a partitura da obra, o pianista imediatamente respondeu:

— Claro que toco.

Aliviado com a resposta, Jay então explicou que João estava escalado para, uma semana depois, apresentar a peça no Hollywood Bowl e com o próprio Copland regendo.

João quase desmaiou.

O compositor americano era, naquele momento, sinônimo da música erudita contemporânea dos Estados Unidos. Era também bastante ativo na cena pública do país: havia liderado a American Composers Alliance (ACA), fundado a American Music Center (AMC) e publicava artigos nas principais revistas especializadas. Sua influência era tamanha que chegou a preocupar as autoridades americanas num momento de caça às bruxas contra qualquer pessoa que tivesse relação com o comunismo. Em plena Guerra Fria, em 26 de maio de 1953, Aaron Copland foi obrigado a prestar depoimento perante o Subcomitê Permanente de Investigações do Comitê de Operações Governamentais do Senado dos Estados Unidos. Depois de vencer o Prêmio Pulitzer em 1944 e o Oscar em 1950, os senadores queriam saber se ele tinha alguma simpatia pelos soviéticos ou suas causas.

— Agora, sr. Copland, o senhor já foi comunista? — lançou Joseph Mc-Carthy, presidente do Subcomitê.

— Não, não fui comunista no passado e não sou comunista agora — respondeu o compositor.

Os senadores, porém, não desistiram. Afinal, condenar era mais importante que ouvir. Em certo momento do depoimento, Copland foi questionado sobre uma série de fatos relacionados à vida pública americana e mundial. Primeiro, ele tentou ignorar a relevância das perguntas.

— Passo meus dias escrevendo sinfonias, concertos, baladas e não sou um pensador político — disse.

Os senadores insistiram na inquisição. Copland tentou explicar o que era ser um criador. "Os músicos fazem música a partir de sentimentos despertados por eventos públicos."[1] A frase, em pleno confronto de ideologias, soou perfeita para que os senadores mais radicais apertassem o artista, alegando que não conseguiam acompanhar essa linha de argumentação. Copland, então, não resistiu: "Um músico, quando escreve suas notas, faz sua música a partir de emoções. E você não pode fazer sua música a menos que seja movido por eventos."[2]

DISPONÍVEL PARA CANCELAMENTOS

Era essa a "instituição americana" que João iria enfrentar *tête-à-tête* depois de mentir inocentemente que conhecia sua obra. Preocupado, o pianista pediu que o empresário conseguisse a partitura do concerto e levasse ao piloto do primeiro voo da Varig que saísse ainda naquele dia de Nova York. No dia seguinte, ela estava em suas mãos, no aeroporto de Congonhas, em São Paulo. Quando abriu a partitura, João levou um susto. De suas entranhas não saiu um delicado fraseado musical, e sim um sonoro palavrão.

Era o único concerto para piano escrito pelo americano, ainda em 1926, uma encomenda de Serge Koussevitzky para a Boston Symphony. O jovem Copland, na ocasião, acabava de chegar de Paris. Um ano antes, George Gershwin tinha apresentado ao mundo a *Rhapsody in Blue* e composto o *Concerto em fá*. Polêmicas para a época, foram consideradas, por alguns dos mais puristas, obras que se abriam para o jazz e, portanto, supostamente inadequadas para o cenário erudito. Copland, anos depois, explicou que sua composição ia ainda além, em busca de um componente cubista para o jazz. A própria entrada do piano, no primeiro movimento, parece mais com um improviso, e a orquestra prende a respiração enquanto tenta entender o que fará o solista.

João sabia que o desafio seria imenso. Passou o sábado conhecendo a obra, terminando de estudar apenas às 3 horas da madrugada. Descansou por apenas algumas horas e às 7 da manhã de domingo já estava novamente ao teclado. Esmiuçou o complexo concerto de Copland ao longo de mais doze horas, enquanto tentava memorizá-lo.

Ao embarcar para os Estados Unidos, na quarta-feira à noite, João resolveu que, em vez de dormir, estudaria no avião. Levou a bordo um teclado mudo e voou percorrendo cada passagem. Não havia tempo a perder. De madrugada, recém-chegado a Los Angeles, deixou as malas no quarto e se dirigiu à recepção do hotel com um pedido: precisava usar o piano de um dos salões de festa para conferir se o treino silencioso durante o voo tinha resultado em melhor desempenho.

A peça, de fato, fugia de qualquer padrão. Quando foi estreada, executada pelo próprio autor, a crítica foi bem dura. Segundo o *Boston Globe*, "o público esqueceu seus bons modos, trocando comentários verbais mordazes e rindo nervosamente, criando uma agitação tão grande que, às vezes, era difícil ouvir a música com clareza".[3]

74 O INDOMÁVEL

Na manhã seguinte, ocorreu o primeiro encontro entre Copland e João. O compositor norte-americano havia estado em pelo menos cinco apresentações do brasileiro, tinha profunda admiração por ele, especialmente ao saber da decisão de fazer uma escala em Cuba antes de ir para os Estados Unidos, no início da carreira. No apartamento, tocando ainda com a partitura, João impressionou o compositor. Faltava apenas o ensaio geral com a orquestra e regida pelo próprio compositor, na manhã do concerto.

Na ocasião, surpreendentemente, João teve dois lapsos de memória, obrigando o regente a parar os músicos e retomar trechos. Naturalmente incerto sobre como seria a noite, Copland perguntou se João tocaria com a partitura. Foi a provocação que faltava para que o intérprete, sempre em busca da perfeição, assumisse a missão de chacoalhar a plateia no Hollywood Bowl. E assim aconteceu. O exuberante final da obra soou como fogos de artifício lançados pelo pianista e pela orquestra. Copland ficou satisfeito. João demonstrou que não havia barreira para ele. Foram os anos de auge de seu desempenho.

Os limites estavam em suas mãos. Depois de Los Angeles, o pianista precisou de três dias para se recuperar e conseguir voltar a tocar. O destino, porém, deixava claro que, a cada página virada, o pentagrama surpreenderia. E, a cada movimento, surgiriam frases inesperadas quebrando paradigmas no melhor estilo proposto por Igor Stravinski, compositor com profunda influência na obra de Copland. O pianista parecia viver num pentagrama do russo, onde o inesperado era a regra. Enquanto administrava a dor, o medo e mantinha o ritmo de recitais e concertos, João passou a viajar cada vez mais, com apresentações no Carnegie Hall e em outros teatros norte-americanos. Em 1966, foi a principal estrela da inauguração do Festival de Música de Berlim, acompanhado pela National Symphony Orchestra de Washington.

O evento fazia parte de uma ofensiva cultural do Departamento de Estado norte-americano, apenas duas décadas depois da derrota dos nazistas na Segunda Guerra e sob a lógica cultural ditada pela Guerra Fria. Na cidade alemã que acabara de ser literalmente dividida por um muro, determinando os lados oriental e ocidental, João era, uma vez mais, instrumento de diplomacia com o intuito de seduzir a população local. Não existia, portanto, a possibilidade de cancelar a noite e, mesmo com 39°C de febre, o brasileiro abriu o concerto.

DISPONÍVEL PARA CANCELAMENTOS

A última nota não foi seguida pela tradicional explosão de aplausos apenas. O pianista, chorando de dor, precisou ser levado imediatamente ao hospital e, ainda naquela madrugada, operado devido a uma apendicite supurada. João e sua equipe tiveram de cancelar o concerto marcado para dias depois, em Viena. Mas a esperança dos organizadores e dos músicos da orquestra era de que o restante da turnê pela Europa pudesse ser mantido.

O corpo do pianista, porém, dizia o contrário. Dias depois, ao receber autorização para deixar o hospital para uma apresentação em Madri, ele cuspiu sangue. Estava ainda na porta do hospital, o que certamente lhe salvou a vida. Era uma embolia pulmonar e foi, mais uma vez, conduzido à emergência. Ali, ficou períodos em estado semicomatoso e submeteu-se a repetidas e doloridas punções para retirar o sangue dos pulmões.

A situação era de extrema gravidade. Em cartas dos médicos em Berlim para os pais de João em São Paulo, não havia garantia de que ele fosse sobreviver. Nos anos 1960, uma embolia pulmonar significava, em muitos casos, uma sentença de morte. Foram momentos críticos, que o levaram a ficar dois meses internado – em grande parte desacordado – para que o ato de resistência se transformasse em cura. O pianista vingou, e os especialistas sequer ousaram oferecer explicação para a força de seu corpo.

João retornou para os Estados Unidos com a disposição de recuperar o tempo perdido. De voltar ao piano e mostrar ao mundo que estava bem. Mergulhou com a peculiar obsessão em um novo projeto e, quatro meses depois de seu desembarque em Nova York, estava nos estúdios da prestigiosa RCA Victor gravando um novo disco. Era sua declaração de vitória sobre o corpo. A arte como parte da cura.

A mão direita, no entanto, não parecia dar trégua. Após as gravações nos estúdios naquele ano, foi obrigado a não tocar por quatro dias. A dor e os movimentos involuntários aumentavam a cada mês. Em reuniões com seu agente, tomou a decisão de que a carreira precisava continuar. Mesmo que a agenda fosse alvo de constantes interrupções. João chegou a brincar dizendo que, em cada novo contrato ou promoção de sua turnê, deveria constar o aviso: "Disponível para cancelamentos."

A ordem era manter o público blindado de qualquer informação sobre suas condições de saúde. Queria causar impacto na audiência por sua música, não por seu sofrimento. Queria emocionar pela arte, não por sua história pessoal. Comercialmente, uma notícia sobre sua vulnerabilidade poderia afetar contratos e deslocar o pianista dos principais festivais do mundo, justamente num momento mágico da carreira. A estratégia, portanto, era administrar cuidadosamente as datas entre um concerto e outro de forma que houvesse tempo hábil para que a mão direita se recuperasse.

Os especialistas insistiam que não havia problema físico; que tudo indicava uma questão psicológica. João não apenas rejeitava a tese como começou a sentir que o drama ganhava novos terrenos. De tanto forçar o polegar da mão direita conforme havia sugerido Leon Fleisher, a dor e os movimentos involuntários se transferiram para o quinto dedo da mão esquerda. Seriam necessárias mais de duas décadas de estudos para comprovar que a condição que João vivia era física. A tragédia que, por anos, atingiu a mão direita agora se manifestava também na esquerda. Não era apenas a carreira que estava em jogo, mas qualquer tipo de atividade que o pianista quisesse desempenhar.

Mais tarde, com dores insuportáveis e sem conseguir dormir, a solução proposta para a mão direita foi a de cortar o nervo. João se recusava a permitir, no entanto, que o mesmo procedimento fosse realizado na mão esquerda. Queria manter algum tipo de esperança. Talvez um milagre, como tantos que já tinham ocorrido em sua vida.

Os concertos e recitais começaram a ser suspensos com frequência constrangedora. Mas o pianista mantinha uma regra de ouro: ao subir ao palco, nenhuma doença ou limitação física seria argumento para justificar uma interpretação menos que extraordinária. Não usaria sua condição como muleta nem como desculpa para um eventual deslize. As únicas exceções, após uma apresentação de luxo em Hong Kong, foram dois encontros regulares na Sala Cecília Meireles, no Rio de Janeiro.

Em 1970, esgotado e com sérias dúvidas sobre a capacidade de manter seu desempenho, João foi mais uma vez convidado ao palco do Lincoln Center. Desta vez, para um recital solo. Inaugurado poucos anos antes, o Lincoln Center fora criado a partir do sonho de reunir os aparelhos culturais norte-americanos – a Filarmônica de Nova York, o Balé da Cidade de Nova York, a Metropolitan Opera, a Juilliard School e outras companhias de artes plásticas – em uma sede única. Um recital, ali, portanto, era necessariamente notícia nas principais agendas culturais. Às vésperas daquela

DISPONÍVEL PARA CANCELAMENTOS

noite, o jornal *The New York Times* anunciou João Carlos Martins como a atração do fim de semana na cidade.

O brasileiro, porém, dividia a atenção entre os ensaios e o cuidado com as mãos. No palco, não houve nenhum erro grosseiro e, ao terminar, João achou que havia se saído suficientemente bem, considerando sua condição física. Não havia sido um concerto espetacular. Ele não havia tocado como nos momentos de maior glória e tinha consciência de que já não apresentava a mesma facilidade que em anos anteriores. Tampouco achou que havia decepcionado o público, que aplaudiu intensamente, ou deixado que percebesse qualquer dificuldade com suas mãos. Sim, a interpretação havia sido mais mecânica em lugar da explosão de emoção que João costumava levar ao palco, mas não havia defeitos técnicos.

Nas páginas do *New York Times* no dia seguinte, a crítica tinha reagido diferente do que ele esperava ou estava acostumado a ler. Num artigo duro, embora o texto mencionasse o respeito ao talento do pianista, o crítico afirmava que João estava "perturbado" e que a performance tinha sido errática. Em silêncio, o pianista dobrou o jornal como se estivesse fechando um capítulo de sua história. Era o reconhecimento de fracasso na luta permanente que passara a travar contra as próprias mãos. Foi um dia de reflexão, de busca interna e de um turbilhão de emoções.

Na manhã seguinte, João ligou para seu agente, Jay, e anunciou:

— Cancele tudo. Acabou. Acabou tudo. O jornal tem razão.

O pianista informou-o que iria deixar o novo apartamento na frente do Metropolitan Museum de Nova York e voltar ao Brasil. Sua carreira estava encerrada. A dor, o sofrimento, as viagens, a busca pela perfeição e as horas de estudo não faziam mais sentido. Se existiam dúvidas antes daquele dia de que era o momento de parar, a reportagem no principal jornal do mundo havia acabado com elas.

Com apenas 30 anos, citado pelo *New York Times* como "um dos principais pianistas do mundo",[4] João não tinha mais condições de seguir em frente. Era o fim prematuro de uma carreira que levou milhares de pessoas aos teatros, emocionou adultos e crianças e foi fenômeno midiático. Um sonho dos pais tornado realidade e magia. Mas desafiado por movimentos misteriosos de uma parte do organismo essencial para que tal comunicação com o mundo ocorresse: as mãos. João havia sido derrotado pelo próprio corpo, sem ter um diagnóstico, uma possibilidade de cura. O músico indomável era, naquele momento, um homem impotente.

Separado da primeira esposa, João havia se apaixonado por uma mulher inteligente, ligada à cultura, e que vivia entre Nova York e Lugano, na Suíça, onde tinha uma galeria de arte. Ele esperou sua partida para a Europa e, de noite, encheu a banheira. Com as mãos frágeis que o haviam traído, retirou com cuidado uma lâmina de um aparelho de barbear. Imponente e sedutor sentado ao piano, ele iria encerrar tudo ali mesmo. *Que vida teria sem a música? Quem era longe do piano, o único lugar que ocupara em toda a sua existência?*, se questionava, inconformado e sem destino.

A morte não era um pesadelo. A vida, sim. Estava convencido de que não teria mais coragem de seguir driblando o próprio cérebro, as mãos. Havia tentado todas as saídas possíveis. Agora, tomaria um atalho definitivo para encerrar a dor. Era a forma de retomar o controle sobre o corpo. Mesmo que fosse dando fim à vida.

Com a gilete em uma das mãos e prestes a cortar os pulsos, foi interrompido de forma abrupta por um estrondoso ruído do telefone tocando. Resolveu que iria apenas aguardar o fim daquela trilha sonora desafinada para, então, seguir com o plano. Não atenderia, obviamente. Mas a persistência do toque do telefone travava um duelo com o silêncio. E com o destino. O barulho incansável, quase como um alarme, ressoava pela casa. E, à medida que os minutos foram passando, João se perguntou: *Quem poderia estar tão desesperado para falar com ele?*

Decidiu que iria interromper o fim de sua vida para, antes, atender o telefone. Levantou-se da banheira, agarrou uma toalha e, completamente molhado, caminhou até o quarto, onde estava o estrepitoso e perseverante aparelho. Do outro lado da linha, Kliass, seu professor de piano em São Paulo, falou:

— João, você está com um problema na mão direita? — perguntou o russo.

Com tranquilidade na voz e sem saber o que o ex-aluno estava prestes a realizar, Kliass começou a contar sobre os diversos compositores que tinham escrito obras para piano que pudessem ser interpretadas apenas com a mão esquerda: Prokofiev, Britten, Strauss, Scriabin e muitos outros foram citados pelo mestre, como se fosse um argumento de convencimento de que viver como artista ainda era possível.

De toalha e deitado na cama, João ouviu em completo silêncio os conselhos e as palavras de estímulo do professor cuja influência havia sido fundamental.

— O importante é que você é músico e que será até o final da vida.

Ciente do poder dos sons na eclosão de emoções, ouviu aquele monólogo como um verdadeiro poema sinfônico carregado de um potencial transformador. Palavras podem ferir, mas também podem curar e salvar. Tocam a consciência, o centro da sobrevivência. Ao desligar, João voltou para o banheiro, jogou a gilete no cesto de lixo e admitiu que Kliass tinha razão. *Vou viver. Mas não com a música. Vou fazer outra coisa*, pensou.

Tampouco quis continuar em Nova York, apesar de gozar de uma situação financeira extremamente sólida. Temia se tornar uma pessoa frustrada na cidade em que sua existência estava ligada ao piano. Não convenceria a mulher, com quem teve o terceiro filho, a se mudar para o Brasil. Mesmo assim, optou por abandonar a estadia nos Estados Unidos.

Antes, porém, aceitou dois últimos desafios: ser solista em Los Angeles, regido por Zubin Mehta, um dos grandes maestros do século XX; realizar um concerto em Washington em que tocaria apenas com a mão esquerda. Foi recompensado por uma crítica na imprensa local afirmando que o público jamais se esqueceria da interpretação de João Carlos Martins do *Concerto para a mão esquerda*, de Ravel.

Foram os últimos sopros de um artista exausto que optou por fechar a tampa do piano como forma de sobreviver. Um gênio que havia decidido nunca mais tocar nem se envolver em qualquer atividade relacionada à música.

O silêncio, ensurdecedor, parecia ter vencido uma épica batalha.

6. O silêncio

O escritor inglês Aldous Huxley certa vez escreveu que, depois do silêncio, o que mais se aproximava de exprimir o indizível era a música. No caso de João, o silêncio berrava pelos corredores de seu apartamento. A dor não era apenas nas mãos machucadas pela persistência e busca da perfeição.

Incapaz de encontrar uma solução para o que o destino lhe havia reservado, o pianista tomou a decisão de que mudaria de vida e se afastaria da música. Queria encontrar uma nova direção, longe dos palcos, das gravações e da arte. E a mudança não seria apenas uma singela correção de rumo. Em 1971, João tomou coragem e bateu à porta do velho amigo Roberto Campos. O mesmo que havia aberto as portas da Embaixada do Brasil em Washington, anos antes. João, desta vez, pedia um emprego no Banco União Comercial, onde o economista era presidente. A ousadia no apelo por ajuda não acontecia por acaso. Os dois eram mais que simples amigos. Eram cúmplices, numa relação que havia sido construída ao longo de anos, festas e dramas.

Tendo tido sucesso no mercado financeiro graças à sua boa intuição em investimentos na Bolsa de Nova York e feito uma pequena fortuna durante a década de 1960, o agora ex-pianista assumiria a administração de carteiras de investimentos de pessoas ilustres e transformaria o banco num fomentador de cultura e eventos no Brasil, uma estratégia para posicionar a instituição como ator importante na sociedade. Campos, ciente da capacidade que João teria para atrair clientes, montou uma estrutura sólida para o novo diretor do banco.

João entrou de cabeça num momento-chave do sistema financeiro nacional. Inicialmente, foi colocado como assistente no grupo e, apesar de conhecer o mercado de ações, teve que sacrificar horas de sono para estudar e entender os balanços, as operações realizadas pela instituição, os riscos e as oportunidades de lucros. E eles existiam.

Sob a ditadura civil-militar iniciada em 1964, o país entrava no que seria conhecido como "milagre econômico brasileiro", com resultados inéditos e novas regras para os bancos, ainda que com uma pífia distribuição de renda e aprofundamento das desigualdades. Entre 1967 e 1973, com Antônio Delfim Netto no Ministério da Fazenda, as taxas de expansão do país atingiram marcas pouco conhecidas até então na economia nacional. Presidentes mudaram, assim como outros tantos ministros durante o regime militar, mas Delfim Netto permaneceu, mantendo uma coerência pouco habitual para a história do país.

Sua prioridade era garantir que, na nova fase do Brasil, o setor privado fosse incentivado a liderar a expansão, assim como fazer apostas pesadas em infraestrutura. Para os generais, uma economia robusta era um dos principais motivos para justificar o regime e camuflar perante o mundo a opressão, as mortes e a suspensão do Estado de Direito.

A enganosa estabilidade do governo contrastava com a realidade conturbada política e social. A partir de 1968, a luta contra a ditadura também ocorreu na forma de guerrilha urbana. Entre os principais grupos estavam a Ação Libertadora Nacional (ALN), o Movimento Revolucionário 8 de Outubro (MR-8); a Vanguarda Popular Revolucionária (VPR), de Carlos Lamarca; e o Comando de Libertação Nacional (COLINA). Em 1969, os dois últimos grupos se uniram para formar a Vanguarda Armada Revolucionária Palmares (VAR-Palmares).

A esses movimentos, o governo respondeu com forte repressão e total desrespeito pelos direitos humanos. Em 1969, Marighella foi assassinado em São Paulo. O governo institucionalizou a Operação Bandeirantes, prevendo a tortura e a prisão de lideranças de esquerda. Um ano depois, em 1970, o governo criou os Centros de Operações para a Defesa Interna (Codi) e os Departamentos de Operações Internas (DOI), verdadeiros esquemas de terror contra dissidentes.

No início de 1970, as prisões já estavam repletas de membros da guerrilha. Só em abril daquele ano, setenta dissidentes haviam sido presos, entre eles a futura presidente da República Dilma Rousseff. Documentos mantidos no Arquivo Nacional mostram que os grupos de resistência faziam ope-

O SILÊNCIO

rações de sequestros como estratégia para conseguir a libertação dos líderes da guerrilha, assim como projetar a situação do país na mídia no exterior.

Na economia, porém, o governo colhia os frutos de projetos de expansão. Em julho de 1967, o Programa Estratégico de Desenvolvimento (PED) foi apresentado e, com a inflação mais controlada, havia um aspecto central que chamava a atenção dos bancos: a política monetária e a expansão forte do crédito como forma de aquecer a demanda interna e a produção.

Na base dessa estratégia, estava a visão de que o Brasil poderia ser um importante fornecedor mundial de matérias-primas e alimentos. Com foco na atração de investimentos estrangeiros, Delfim ainda adotou medidas claras para abrir a economia e facilitar o acesso a linhas de crédito do exterior.

Assim, entre 1967 e 1973, o país cresceu em média 10,2% ao ano. Considerando apenas o período entre 1971 e 1973, a taxa de expansão foi de mais de 12,5%. Em plena transformação, o Brasil também passava por uma reviravolta no desenvolvimento do sistema financeiro, com um novo mercado de capitais, política de juros e atuação do Banco Nacional de Desenvolvimento Econômico (BNDE) como um dos pilares do financiamento dos investimentos. Já naqueles anos e pela primeira vez, a instituição passava a destinar mais de 50% de suas linhas de crédito ao setor privado.

O que de fato ocorria era que as reduzidas taxas de juros mundiais permitiam ao país multiplicar empréstimos e receber robustos investimentos estrangeiros e de multinacionais em busca de recursos naturais e do mercado interno do país. No setor automobilístico, o desembarque de grandes empresas ajudou a reduzir a taxa de desemprego e transformou o parque industrial nacional. Foi nesse período que uma série de obras de proporções gigantescas foram iniciadas, como a Transamazônica, a ponte Rio-Niterói, a usina nuclear de Angra dos Reis e a hidrelétrica de Itaipu e tantas outras. Eram amplamente divulgadas por campanhas de televisão e de rádio para reafirmar a superioridade do regime. Refrões como "Ninguém segura este país" ou "Pra frente, Brasil" se misturavam às recentes conquistas nos campos de futebol e à expansão da economia. O Brasil se transformava na décima maior economia do mundo.

Não restava dúvida de que as transformações no Brasil ocorriam de forma paralela à consolidação de um mercado financeiro internacional e à primeira onda da globalização de empresas. Com os primeiros sinais da integração de diferentes economias, os grandes conglomerados passavam a olhar os mercados estrangeiros com enorme apetite. Eram os primeiros dias da transnacionalização das operações e, para isso, as multinacionais precisavam de bancos que os acompanhassem.

Para o regime militar, a expansão do crédito e o fortalecimento de novos bancos faziam parte das prioridades. Brasília precisava que os bancos tivessem a função de captar a poupança de cidadãos e empresas que, naqueles anos, começavam a sentir o impacto da estabilidade. O dinheiro, assim, seria usado para investimentos privados ou para garantir um colchão importante para o Tesouro Nacional. Assim, essas instituições viabilizaram a colocação de títulos públicos no mercado e a captação de recursos para financiar as obras que o Brasil necessitava ou que fossem de interesse dos militares.

Quatro meses depois de passar por todos os setores do banco e entender o funcionamento da instituição, João foi anunciado como diretor da Turismo União, um braço inovador do grupo. A tese era simples: espetáculos no Brasil não apenas poderiam ser rentáveis para os atores envolvidos, como também para a própria instituição financeira em relação aos lucros gerados, mas também pela projeção de uma imagem sofisticada, jovem e inovadora do banco.

Assim, nesse sistema no qual o banco financiava tais eventos e no cenário de um suposto "milagre econômico" para uma parcela da sociedade, o Brasil começou a receber atrações internacionais, como o famoso *Zippy The Chimp*, um grande sucesso das TVs americanas e cujo personagem principal voou para o país de primeira classe com seus empresários. Em seguida, aterrissaram os cantores Alice Cooper, com suas cobras, Johnny Mathis, The Supremes e muitos outros. Em 1973, foi a vez de James Brown, que, ao chegar no aeroporto de Congonhas, foi recebido por Wilson Simonal, um pandeiro dourado e uma figa de jacarandá.

João, com seus amplos contatos nos Estados Unidos e pelo mundo, propunha os nomes e um corpo técnico do banco estudava a viabilidade de tal iniciativa. Não havia um modelo único. O envolvimento do banco poderia ser na forma de patrocínio, em crédito ou venda de direitos para outras empresas. A iniciativa liderada pelo agora empresário João Carlos Martins promoveu uma pequena revolução no cenário artístico nacional.

O SILÊNCIO 85

Até então, o *show business* era uma atividade realizada apenas através de anúncios de jornais ou conduzida por poucos empresários que se mostrassem interessados. O banco passou a usar os cadastros dos próprios clientes para oferecer investimentos no setor.

E os shows, concertos e atrações proliferaram, obrigando o banco a colocar à disposição da nova unidade seu corpo de 2 mil funcionários para também atuar na identificação dos perfis dos clientes para ampliar a base de investimentos. Em apenas seis meses de atividades, a Turismo União anunciou nos jornais que havia se transformado numa das dez maiores empresas do setor de entretenimento no Brasil, baseada em uma ambiciosa expansão e na criatividade do ex-músico.

João, porém, tinha um segredo. Em seu escritório, no centro barulhento de São Paulo, um pequeno e acanhado teclado mudo de piano lhe fazia companhia. O instrumento havia sido um presente da grande pianista Guiomar Novaes, que acreditava na capacidade de João de ser uma referência mundial entre os intérpretes. Naquela sala fria, era a única ligação com seu passado e seu destino. Entre um cliente e outro, entre uma transação milionária e uma aposta em ações, ele buscava formas de reposicionar a mão no instrumento para que, eventualmente, pudesse tocar. Queria a todo custo recuperar o quinto dedo, já profundamente impactado pela doença.

Sem que qualquer tipo de som fosse emitido, era em sua esperança que as notas musicais ressoavam. A eloquência do silêncio do piano secreto dentro do banco evocava uma cena distópica de um músico que oficialmente se recusava a até mesmo assistir a um concerto, mas nutria secretamente a vontade de retornar aos palcos. De recuperar sua vida. João parecia refazer o trajeto da própria história da música ao longo dos séculos, na dialética entre o som e o silêncio.

O silêncio cuidadosamente costurado, por exemplo, por monges da Idade Média que usavam as pausas nas partituras para impedir que os sons que ressoavam pelas catedrais se misturassem. Pausas determinadas pela arquitetura, mas que também criavam um espaço de meditação. Um silêncio capaz de mobilizar a congregação, até mesmo para que respirassem juntos antes de atacar a próxima nota.

Ou a pausa deliberada que se buscava dos sinos japoneses que, 2 mil anos antes, foram construídos para ficar... em silêncio. Deles, não eram aguardados sons que pudessem ressoar pelos vales, mas a concentração do repouso. O sacrifício do som.

Ou o silêncio usado estrategicamente por compositores. A busca pela pausa dramática, uma mudança de tonalidade, a reiteração de uma mensagem. Quem ousaria dizer que a pausa abrupta após as frases icônicas na *Quinta sinfonia* de Beethoven não é música? Assim como na vida, a arte busca no silêncio seu papel. Na música, ela não é a ausência de som, e sim uma manobra para ressignificá-lo. João, em seu piano mudo no escritório do banco, buscava redefinir sua mão e, no fundo, seu destino.

Mas jamais imaginaria que a motivação que lhe faltava viria de tão longe e de forma tão inesperada. Numa visita despretensiosa ao pai, em São Paulo, João encontrou o pugilista Éder Jofre no elevador do prédio. Ídolo de um país inteiro, o esportista havia sido derrotado em meados dos anos 1960, para a surpresa do mundo do boxe, e deixou de ser o número 1 em sua modalidade.

Sem hesitação, o novo executivo lhe fez um desafio:

— Éder, você tem que recuperar o título mundial para o Brasil. Se você quiser, eu patrocino a sua luta.

Não era algo que havia surgido de repente na mente de João. Aquela ideia já o rondava, principalmente diante de sua decisão e mandato de levar ao banco criatividade e formas inesperadas de realizar eventos no Brasil. Éder Jofre morava no prédio do pai, e João já havia ensaiado como iria fazer chegar ao esportista sua proposta mirabolante, pois sabia que ele estava realizando algumas exibições e lutas pelo país.

Incrédulo diante da situação em um elevador, o pugilista não deu qualquer esperança ao executivo de que sua forma física, idade e técnica permitiriam a transformação de seu destino.

— Eu vou completar 37 anos. Esquece — respondeu.

Estava enterrado o plano de João. Pelo menos foi isso que pensou ao deixar o local. No dia seguinte, para sua surpresa, o telefone tocou no banco e era Éder Jofre do outro lado da linha. O esportista pediu desculpas pela forma abrupta com que respondeu à proposta e anunciou:

— Vou começar a treinar, mas, agora, em busca do título.

Em outras palavras, ele aceitaria o financiamento do banco para que as lutas pudessem ocorrer e iria, nos meses seguintes, mobilizar sua energia e seu tempo para estar pronto para os combates. João não havia dito que não

O SILÊNCIO

entendia nada de boxe. Mas, imediatamente, passou a estudar o assunto e a buscar pessoas que pudessem auxiliá-lo no projeto.

A Turismo União havia adquirido 50% das cotas da empresa Marcos Lázaro Produções e que tinha, no esporte, parte de suas atividades. O salto ao boxe, portanto, parecia um caminho óbvio, desde que Marcos Lázaro e Abraham Katzenelson, o grande nome do boxe no Brasil, estivessem juntos. Coube a João administrar a relação entre eles. Marcos cuidaria da promoção do evento e da veiculação nacional pelas TVs brasileiras, enquanto Katzenelson faria a conexão com o Conselho Mundial de Boxe e seu presidente Ramón Velásquez. Dois meses depois, o banco financiava as disputas com um dos ídolos do Brasil num controvertido período da história do país.

De fato, nenhum dos eventos promovidos por João até o momento tinha sido tão impactante quanto a volta de Éder Jofre em busca, uma vez mais, do posto mais alto de campeão. Não havia qualquer garantia de que a ideia funcionasse. As primeiras lutas precisariam ser com adversários relevantes, capazes de fazê-lo subir no ranking do Conselho Mundial de Boxe (CMB), mas que ao mesmo tempo não representassem ameaças sérias que pudessem enterrar de forma precipitada o sonho dos dois homens. O executivo logo entendeu que no boxe, naquele momento, quase tudo deveria ser analisado cuidadosamente antes.

Éder Jofre e João Carlos Martins tiveram uma trajetória de vida em muitos aspectos sincronizada. No final dos anos 1950, ambos se tornaram personagens nacionais a conquistar fama internacional. No ringue ou no palco, desempenharam o papel de embaixadores da nova geração de um país que despontava como potência mundial. No auge da juventude, sofreram a influência de homens que projetaram neles a esperança de vingar. Os dois tiveram o pai como figura central de incentivo, promoção e desenvolvimento de suas vidas profissionais.

*

No ápice da carreira, quando ninguém duvidava da superioridade e autoconfiança de Éder Jofre, ele foi surpreendentemente derrotado pelo japonês Masahiko Harada em 18 de maio de 1965, data ainda hoje lembrada como "dia do milagre" em Nagoya.

O pugilista brasileiro e seu empresário Katzenelson ditavam as condições e os cachês de lutas e aparições. A luta do dia 18 de maio estava inicialmente agendada para abril, no Japão. A data foi alterada por exigência de Éder, alegando que estava doente, mas foi visto naquele período em festas, cerimônias e premiações nos Estados Unidos. Nos bastidores, o motivo mais frequentemente citado era a temperatura baixa do início da primavera no hemisfério norte, da qual Éder teria se queixado. Os quarenta dias de diferença, no entanto, acabaram sendo decisivos para o japonês, que havia sofrido uma lesão na perna meses antes. Com a luta remarcada, teve o tempo de que precisava para entrar no ringue em forma.

O início do combate dava sinais de que o brasileiro caminhava para uma nova vitória. No quarto assalto, Harada quase foi ao chão depois de uma sequência impressionante de golpes desferidos por Éder Jofre. O mesmo cenário se repetiu no *round* seguinte e, quando o gongo soou, a desorientação de Harada era tamanha que ele se sentou no *corner* do brasileiro. Mas a resiliência, os sete anos a menos que Éder, a torcida ao seu lado e sinais de fadiga do adversário permitiram que a luta continuasse. E, ao anunciar o resultado, os juízes constataram a derrota do brasileiro por pontos. Foi um terremoto no mundo do boxe.

Éder passou os quase quatro anos seguintes tentando entender o que havia ocorrido e redefinindo seu percurso. Voltou ao ringue apenas em 1970 e, como João, que precisou adaptar o corpo ao piano, o pugilista também enfrentou uma transição. Para conquistar um novo cinturão mundial, ele teve que subir da categoria peso-galo para a categoria peso-pena.

Finalmente, em 5 de maio de 1973, Éder Jofre, então com 37 anos, subiu ao ringue do Ginásio de Esportes Presidente Médici, em Brasília. Diante dele estava o cubano José Legra, naturalizado espanhol, dez anos mais novo, certo de que, naquele local, 24 mil pessoas apoiavam o herói brasileiro. Uma hora e quinze *rounds* depois, Éder Jofre levantou o título mundial. Foram anos de trabalho para voltar a provar ao mundo e a si mesmo que sua carreira não estava encerrada.

Em 7 de maio, o *Jornal da Tarde* publicou um dos relatos mais detalhados da épica luta, que reunia drama pessoal, dinheiro, empresários e orgulho nacional:

O SILÊNCIO

Quando ficou confirmada a luta de Éder pelo título, Kid Jofre levantou-se da cama do hospital, pesando apenas 46 quilos, e passou a acompanhá-lo em todos os momentos. Era um motivo bastante forte para Éder ganhar o título mundial dos penas de qualquer maneira.

Quando Legra soltou o braço e mandou Éder às cordas de joelhos, no fim do terceiro assalto, todos que estavam dentro do ginásio sentiram o impacto do murro. Quando o gongo anunciou o início do quarto assalto e Éder partiu para cima de Legra, com toda sua raiva, todos sentiram que a vitória estava garantida.

Kid Jofre pôs a mão na cabeça ("Que é isso, Éder?"), esquecendo a previsão que havia feito antes da luta ("Éder deixará o ringue como campeão, mas machucado"). Seu filho estava atordoado entre as cordas, após o cruzado de Legra na testa ("Só sentia o ringue crescendo e as cordas passando por baixo de minhas pernas, fiquei completamente grogue"). Um direto do cubano já havia tirado sangue do nariz do brasileiro, neste assalto, e Éder estava tonto, como todas as pessoas do ginásio.

O gongo soou, e o juiz Jay Edson só tirou um ponto do brasileiro neste *round*, sem abrir contagem ("Ele só caiu ajoelhado após o gongo, por isso não tirei dois pontos"). No outro canto do ringue, o empresário José Lobato reclamava ("Bateram o gongo antes dos três minutos"). Éder foi para seu canto, era o momento mais crítico de sua carreira, estava quase nocauteado ("Senti raiva, não queria que todos pensassem que Legra me venceria facilmente"). E Éder foi para o quarto *round*, com raiva ("Queria bater nele, e bati, bati muito").

Legra, que poderia aproveitar sua vantagem, recebeu uma ordem errada de seus segundos ("Faço o que mandam, disseram para segurar Éder que ele cansaria, no final, e eu venceria por nocaute"). No quarto assalto, Kid Jofre virou de costas. O velho não queria ver o que acontecia ("Éder estava parado, preso, não soltava os braços. Mandei ele ir para cima, mostrar aos juízes que tinha a iniciativa do combate").

No nono assalto, Éder percebeu que as coisas iam bem. Sentiu Legra frouxo ("Agarrou-se em mim para não cair"), e no canto Kid Jofre já considerava a luta ganha ("Quando Éder entrou para o décimo, sabia que não perderia mais, mandei que tomasse cuidado com um golpe imprevisto"). Mas o campeão dos penas queria um nocaute ("Estava com fôlego ótimo, mas sentia os braços presos, consequência de oito meses sem lutar").

No 14° *round*, Legra empurrou Éder para acertar suas costelas, e no último o brasileiro sentiu a vitória ("Consegui acertá-lo bem"). E quando tudo terminou, a angústia de esperar a decisão dos jurados acabou com Katzenelson invadindo o ringue acompanhado de dezenas de pessoas, e Éder percebeu que havia vencido ("Quando veio aquela gente toda, senti que era o campeão").

Então, desvencilhou-se do empresário e correu para beijar Cidinha, um beijo demorado, e logo Éder gritava "Devo tudo a vocês, devo…" Um senhor desesperado, com uma camisa do São Paulo assinada por todos os jogadores, brigava com os policiais para invadir o ringue ("Preciso vestir Éder com esta camisa"). E Vitor Mauri, diretor do São Paulo, conseguiu. O campeão usava esta camisa quando conversou com o presidente da República, logo depois.

Nos camarins, o técnico Santa Rosa pedia licença e tirava as sapatilhas de Éder ("Vamos pra lá, gente, este homem é macho, lutou 15 assaltos"). Valdemar Santana passava a mão nas manchas do ombro esquerdo de Éder ("Isso vai desaparecer com a massagem"), e o filho Marcel escondia o rosto para não chorar na frente de toda gente que rodeava o pai, um homem que sangrava pelo nariz e pelo supercílio esquerdo, enquanto esperava para tomar banho. A água do chuveiro molhava um homem machucado, o Campeão dos Penas ("Puxa, como dói, o braço está podre"). O braço esquerdo doía, a costela também ("Acho que está fraturada, mas fui melhor do que Legra, procurei a luta em todos os assaltos").

O SILÊNCIO

E o campeão deixou o ginásio para a festa do Hotel Brasília com as sandálias do *sparring* Joel Gomes. Seus sapatos haviam sumido, estavam na bolsa de Luís Faustino, por engano. No saguão do hotel, teve que posar para as fotos ao lado de vários políticos e homens de negócios, todos com cara de campeões mundiais. Menos Kid Jofre, que chorava encostado na porta do elevador, sem perder a ironia ao receber cumprimentos de todos ("Mas hoje não é meu aniversário").

Na manhã seguinte, ele já se levantou como um campeão. Parnassus esperava embaixo, com uma proposta para outra luta ("Entre o vencedor de Bobby Chacon e Ruben Olivares"). Mas Kid não quer seu filho lutando fora do Brasil. A proposta de Parnassus é para Los Angeles. Por isso, o empresário também não escapou do bom humor do técnico ("Ficamos só na conversa fiada"). E Éder? Pela primeira vez, mergulhava nas águas da piscina do hotel, brincando com os filhos.

Na noite anterior havia tomado sua primeira cerveja após muito tempo, e José Legra parecia um quase desconhecido que há [*sic*] muitos anos não encontrava Éder:

— É difícil analisar a luta, porque eu estava em cima do ringue. Não dava para saber quem era o melhor. Só acho que a diferença de 10 pontos a meu favor foi muito grande. Eu daria sete.

Sete pontos, que custaram muita coisa.[1]

Os depoimentos de Éder, porém, escancaravam que sua motivação ia muito além do esporte. "Tudo que fiz foi para meu pai. Ele estava morrendo numa cama de hospital, e levantou pesando apenas 46 quilos, quando soube da minha decisão de lutar. Depois, esteve todos os dias comigo, me acompanhou até nos *footings*. Kid precisava muito desta vitória",[2] disse após a luta.

Era também uma vitória de sua obstinação. "Desde que voltei, tinha muita gente dizendo que eu era velho, não tinha condições para ser campeão outra vez. Que tal parar e deixar o título para os garotos? Estou triste com quem não acreditou em mim. Fiz grandes esforços para vencer meus problemas, sacrificando comidas e outras coisas que gosto de fazer",[3] disse.

João assistia a tudo com enorme sentimento de êxito. Sua aposta havia dado resultado, tanto para o esportista quanto para o banco, e até para o país. A instituição financeira queria mais e um acordo foi assinado para financiar a realização, ainda naquele ano, da Convenção do Conselho Mundial de Boxe em Salvador (BA).

O prestígio do mais novo executivo do banco foi tamanho que ele foi convidado a concorrer ao cargo de vice-presidente do Conselho Mundial de Boxe, que seria decidido na convenção da qual era presidente. João, porém, recusou a proposta depois de descobrir como funcionavam as entranhas do organismo que comandava o esporte no mundo.

Isso não impediu João e Éder de desenvolverem uma relação de amizade. Dias depois do evento em Brasília, depois de se encontrarem na sede do banco para o pugilista receber sua premiação, os dois simularam uma briga no trânsito em que o ex-pianista ameaçava dar um soco no homem que, naquele momento, era simplesmente o campeão mundial de boxe. João adorava o senso de humor de Éder, e sempre brincava em uma mistura deliberada do português e um castelhano com pitadas exageradas do sotaque de Buenos Aires: "Me gustan suyos golpes", ao que Éder respondia: "No, mis golpes son limpios."

Piadas à parte, de ambos os lados estavam dois homens cientes de que não desistiriam tão facilmente de seus sonhos. Naquele mesmo dia, Éder Jofre brincou com Roberto Campos: "A vida começa aos 40 anos."

O que era para ser apenas mais um evento da nova carreira de João, porém, se transformou internamente num vulcão em erupção. Irrompeu um sentimento de autoindignação. O que estava fazendo no escritório de um banco? Como seria o resto de seus dias sem a música? Quando o juiz ergueu a mão de Éder Jofre no ringue, João disse a si mesmo: "Sou um covarde. Esse homem recuperou o título e eu não tentei o piano."

Cinco anos mais novo que o pugilista, João Carlos Martins via em Éder Jofre o reflexo da própria vida. O terceiro homem na história do boxe a obter títulos mundiais em duas categorias – antes dele, apenas Archie Moore e Ray Robinson tinham conseguido tal feito – acabaria sendo decisivo no destino do pianista. Outro elemento inesperado ainda acelerou a breve experiência de João como executivo de banco.

O SILÊNCIO

93

A construção de um sistema financeiro brasileiro sólido demandou a fusão e concentração de instituições da área. Centenas de bancos foram levados de roldão nesse processo; muitos não resistiram à queda da taxa de juros a partir de 1968 e tiveram que ceder agências, capital e rede de clientes aos bancos mais robustos. No início da década de 1960, o Brasil contava com cerca de 350 bancos nacionais; dez anos depois, eram apenas 170. Em 1973, o Banco União Comercial, em que João trabalhava, foi um dos engolidos, adquirido pelo Itaú. Criado em 1967, apenas seis anos depois a instituição ocupava o sétimo lugar entre os bancos comerciais. Mantinha uma rede de 265 agências e era considerado referência nacional. Mas quando foi comprado, acumulava uma dívida com bancos estrangeiros de US$ 50 milhões.

Em 1973, com o primeiro choque do petróleo, os juros internacionais dispararam e os empréstimos tomados pelo país se transformaram em valores dramáticos. A dívida externa pulou de US$ 40 bilhões, em 1967, para quase US$ 100 bilhões, em 1972. O modelo de expansão do país dava claros sinais de esgotamento. Os erros cometidos pela equipe econômica não tinham sido corrigidos e, poucos anos depois, os indícios de recessão estavam estabelecidos.

A crise do petróleo mostrou que o investimento na malha rodoviária nacional em detrimento da ferroviária não tinha sido uma boa escolha e que a importação do petróleo poderia custar caro às contas do país. O então presidente Ernesto Geisel, porém, não mudou de caminho nem ofereceu paliativos para uma máquina de expansão baseada no consumo elevado de energia financiado no exterior. Naquele momento, criaram-se as condições para a estagnação do país, que se estenderia pelos vinte anos seguintes, e para o estabelecimento da maior dívida externa da história do Brasil. Ao final de seu governo em 1978, Geisel entregou um país com um ameaçador desequilíbrio.

Não por acaso, a situação delicada do Banco União Comercial causou apreensão nas autoridades monetárias e no próprio regime militar, que temia que a provável quebra do banco inaugurasse uma crise sistêmica no mercado financeiro. O próprio regime estaria ameaçado.

Vários diretores receberam convites para continuar o trabalho, mesmo sob a nova direção do Itaú. A equipe não foi afastada. Mas João sabia que aquele não era seu mundo. Em sua mente passavam as imagens de Éder Jofre e de sua trajetória de superação. A força do pai, a busca pela adaptação do corpo às novas realidades, a recusa em aceitar as limitações físicas. Se Éder Jofre podia voltar a ser campeão mundial, João também poderia contornar a sina a que parecia estar predestinado.

Ambos sabiam que, uma vez sob os holofotes de um palco ou de um ringue, estavam sozinhos. Desapareciam os agentes, os interesseiros, os vendedores de ilusões, os charlatães, os admiradores. A batalha se dava por um sonho que, para muitos, é invisível. João e Éder sabiam que os aplausos ao final do último acorde ou as vitórias por nocaute não eram resultados daquelas horas diante do público, e sim da construção incessante da resistência à dor, da busca meticulosa pela posição correta, das horas intermináveis de treinamento para encontrar a perfeição em cada gesto.

O silêncio não suporta a mais estreita abertura de uma fresta de som. Do piano mudo dado por Guiomar Novaes e das mãos de um pugilista obstinado renascia em João o sentimento de que o gongo no último *round* de sua carreira não havia soado ainda.

João Carlos Martins aos 8 anos, na praia, as mãos já fechadas.

No colo de seu pai, José da Silva Martins. O pai se tornaria obcecado pelo sucesso do filho pianista.

Recebendo o carinho dos pais, seu José e dona Alay.

Em 1954, aos 13 anos, fez sua estreia oficial como pianista.

Com a célebre pianista Guiomar Novaes.

Embarcando para Cuba, aos 20 anos. A viagem teria tons diplomáticos em meio a uma política externa conturbada.

Ao lado do compositor argentino Alberto Ginastera, João lê as críticas dos jornais dos EUA sobre seu concerto de estreia no Carnegie Hall, em 1961.

João Carlos Martins com Heitor Villa-Lobos, em São Paulo.

Durante as gravações do *Concerto para piano* de Ginastera, com Erich Leinsdorf, em Boston, 1967.

Durante a gravação da obra completa de Bach, no campus da Pomona College, a leste de Los Angeles, em 1979.

Aplaudido de pé após o recital das *Variações Goldberg*, no Lincoln Center, em Nova York, 1981.

Com os solistas de Sófia, na Bulgária: o retorno à música depois de uma breve e conturbada passagem pela política.

Na Bulgária, em 1993.

Pela primeira vez no Carnegie Hall como regente da
Bachiana Filarmônica Sesi-SP, em janeiro de 2007.

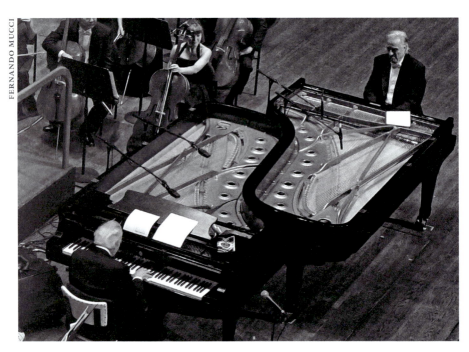

Com Dave Brubeck, no Lincoln Center, em setembro de 2009.

No CEU Pêra Marmelo, em São Paulo.

Na Escola Estadual Irmã Annette Marlene Fernandes de Mello, em uma apresentação com a Filarmônica Bachiana Jovem.

No desfile das campeãs do carnaval de 2011 em São Paulo. A escola de samba Vai-Vai, com o enredo "A música venceu!", contou na avenida a história de superação do pianista e maestro e conquistou o título.

A multidão saúda o maestro em concerto em frente ao Museu do Ipiranga, em São Paulo, em 2011.

Mensagem do pianista e amigo Nelson Freire ao maestro: "João Carlos: Estou ouvindo teu disco. Vai em frente!! Você tem uma mensagem muito bonita. Sobretudo para aqueles que enxergam além do óbvio, e você sabe disso! Teu Nelson."

Concerto lotado no Lincoln Center, em 2011.
Abaixo, a entrada no palco.

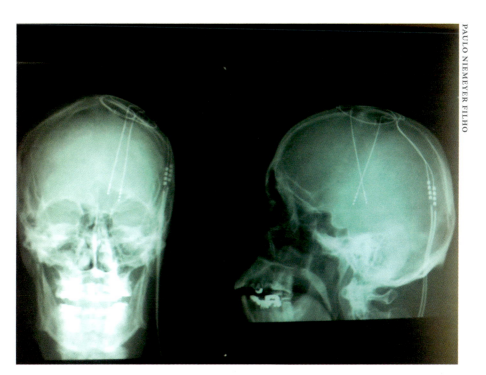

O diagnóstico decisivo da distonia focal de João Carlos Martins foi feito pelo médico Paulo Niemeyer Filho. A radiografia de 2012 mostra como o médico realizou uma cirurgia cerebral no músico para instalar um estimulador que pudesse salvar a mão esquerda do pianista. O experimento foi apenas parcialmente exitoso.

Concerto no Theatro Municipal de São Paulo.

Com Condoleezza Rice, ex-secretária de Estado dos Estados Unidos, em 2014.

Concerto na Sala São Paulo, em agosto de 2015,
em homenagem a Vladimir Herzog.

As mãos do "pianista biônico" em sua casa.

7. "O monstro voltou"

Os hematomas no rosto de Éder Jofre não tinham sequer desaparecido quando João tomou a decisão: iria voltar a estudar, encontrar uma nova posição para os dedos atrofiados e, uma vez mais, desafiar seu corpo. Queria retomar com as próprias mãos seu sentido de vida, perdido em movimentos involuntários não compreendidos pela ciência. Os anos como executivo de banco tinham terminado e, como relações-públicas da empresa de construção Aoki-Guarantã, João garantia a renda elevada e certa tranquilidade para continuar a missão de encontrar um caminho de volta aos palcos.

Passou dias e noites no apartamento em São Paulo tocando ainda no piano mudo de Guiomar Novaes, recuperando a agilidade, a sensibilidade e a precisão. Do teclado ecoava pelo prédio em que morava a sinfonia ininterrupta de uma máquina de escrever ensandecida. O estalar de uma nota só provavelmente não fazia qualquer sentido para quem estivesse escutando de fora. Mas era o caminho de um reencontro entre o corpo e a mente.

Na cabeça do pianista, havia uma explosão de sons, dinâmicas e emoções provocada por contrapontos intensos, pela exatidão do "Prelúdio nº 21" de Bach ou por melodias mais profundas das árias preferidas. Em sua sala, João parecia transpor ao piano a ideia de que a música venceria a dor e o corpo, que se recusavam a embarcar na missão.

A busca pela posição ideal dos dedos sobre o teclado incluía frequentes e repetidas sessões de fisioterapia com o intuito de relaxar os músculos e fortalecer a mão. Reduzir a quantidade de horas de estudos não era uma opção.

Portanto, o apoio de um especialista para garantir que a mão estivesse em forma era fundamental para permitir que o esforço fosse recompensado.

João evitava a todo custo pisar em teatros, mas foi a imagem de alguns segundos de um pianista na televisão que o abalou. Convenceu-se de que iria voltar aos palcos propondo a si mesmo um desafio: tocaria melhor que o instrumentista que, involuntariamente, tinha cruzado seu caminho.

O trabalho e a obstinação apenas eram interrompidos pelas visitas que recebia de namoradas. Solteiro naquele momento, bem-sucedido e culto, João transformou o apartamento em São Paulo num local de encontros românticos.

Esses encontros e o teclado eram seu refúgio e, nos finais de semana, se alegrava com a companhia dos filhos, ainda crianças. A frequência feminina durante a semana, porém, começou a chocar os vizinhos. Enquanto João aguardava a entrega de uma cobertura recém-adquirida, eram constrangedores os encontros no elevador com casais e famílias cada vez que uma namorada o visitava. Logo, a relação entre o pianista e os demais moradores ficou insustentável.

Um dia, na garagem do prédio, João foi ameaçado pelo síndico e, em resposta, o empurrou, apesar de nunca ter dado ou recebido um tapa em sua vida. Na queda, o homem bateu a cabeça e ficou desacordado por alguns instantes. Desesperado, o pianista jogou um balde de água fria para acordá-lo. Chamaram a polícia.[1] Os agentes bateram à sua porta e, depois de tomar um café e colher seu depoimento, eles o aconselharam a moderar os ímpetos da vida de solteiro. Eram anos de transição pessoal para o músico em busca de seu lugar no mundo. Naquele endereço, no entanto, em São Paulo, ele era *persona non grata*.

Aos poucos e ao longo dos anos, João recuperou a musculatura dos dedos atrofiados. Eram especialmente três deles que mais pesavam em sua capacidade de voltar a tocar. Acabou comprando um piano com som. O silêncio foi, então, trocado por verdadeiras explosões de poemas sinfônicos, sonatas e na imersão em séculos de composições.

Para alívio de todos, a nova etapa significou também o fim do eco insuportável do barulho oco do piano mudo. Finalmente, o apartamento de João emitia música para os ouvidos dos vizinhos. Certo dia, o zelador voltou a bater à sua porta. Já acostumado também às queixas acerca do barulho do

"O MONSTRO VOLTOU"

teclado, imaginou que era mais uma delas. E que, assim como as demais, ele as ignoraria. Dessa vez, porém, ele mesmo se surpreendeu. Os moradores não queriam que o barulho fosse interrompido, mas que o ilustre músico abrisse as janelas para que todos pudessem desfrutar daqueles verdadeiros recitais. A paz estava restabelecida, chancelando o caminho para sua recuperação plena.

Foi também nessa época que João conheceu e se apaixonou pela mulher que viria a se tornar sua terceira esposa. Ela ainda seria a mãe da tão desejada filha. Depois de três garotos, o pianista sonhava com a possibilidade de ser pai de uma menina.

Cada vez mais confiante, novamente casado e em um novo apartamento, o artista começou a entrar em contato com prefeituras e conservatórios de pequenas cidades pelo interior do Brasil. Era um jeito de reconquistar a prática de subir ao palco, testar a capacidade de resistir a um recital inteiro e examinar como iria se comportar de novo diante do público.

O roteiro era sempre igual: cidades de 20 a 30 mil pessoas que, nos anos 1970, estavam fora dos grandes eixos culturais do país. Com pianos nem sempre de qualidade exemplar, gradativamente João reconstruiu a confiança diante do instrumento. Para isso, precisou de 37 recitais, cada qual transformado em um meio de resgate de uma história. O que estava em jogo nessas pequenas apresentações não era o repertório ou uma determinada crítica do jornal. O pianista queria saber quais eram seus limites. Onde a dor apareceria. Se, por medo, hesitaria em transformar as partituras em emoção.

Em todos eles, subia ao palco como se estivesse nas principais salas de concerto do mundo. Era ele mesmo quem pagava a gasolina para chegar a cada uma das cidades do interior e fazia questão de abrir mão de qualquer cachê. Em duas apresentações, o resultado foi decepcionante e ele temeu jamais conseguir voltar ao circuito mundial.

A situação contribuía para a tradicional insegurança do pianista. Uma vez diante do piano, porém, nada o segurava, mascarando a tensão permanente até que o primeiro acorde soasse pelas salas de concerto. Ao longo da carreira, João fez cerca de 4 mil apresentações. Em 90% delas sentiu medo e até vertigem. Em pelo menos uma ocasião, teve uma queda ao caminhar do camarim ao palco. Ainda assim, não desistiu e, aos poucos, ganhou confiança e encontrou novas posições para a mão.

A turnê pelo interior também resultou em uma superstição. Nos dois recitais fracassados, ele usava sapato marrom. Por isso, decidiu que nunca mais subiria ao palco com pares dessa cor.

Em 1978, em um recital em Piracicaba, cidade repleta de músicos, como Ernst Mahle, o pianista sentiu que estava pronto. Convencido de que a volta aos palcos era possível, João esperou o dia começar em Nova York, pegou o telefone e ligou para Jay, seu empresário nos Estados Unidos.

— Estou de volta — disse.

Do outro lado da linha, recebeu uma resposta que não esperava. Jay insistiu que o público já o tinha esquecido, que outros músicos ocuparam o espaço que o brasileiro havia deixado e que uma volta seria um enorme risco financeiro. Em resumo: não valeria a pena tentar um retorno aos palcos americanos, o centro do mundo artístico naquele momento. Inconformado, João não aceitou a recusa. De forma pausada e firme, o pianista interrompeu Jay e retrucou:

— Escuta, o *monstro* voltou.

Ele sabia o que estava dizendo. Havia sentido no périplo discreto, quase secreto, pelo interior do Brasil que seu corpo respondia e que ele ainda tinha o poder de seduzir o público. Dias depois, Jay ligou de volta com uma notícia: João Carlos Martins retornaria ao Carnegie Hall para abrir a temporada de 1978. Mas ele mesmo alertou seu cliente:

— Vai estar vazio. Não tenha ilusões — recomendou o experiente empresário.

Sete anos antes João havia subido pela última vez ao famoso palco americano. Em sua consciência, o alerta de Jay ressoava como uma espécie de seguro de saúde contra qualquer expectativa exagerada. Na esperança de atrair curiosos, o empresário decidiu, inclusive, vender ingressos a apenas US$ 1. Mas os anos dedicados à recuperação e a vitória diante da obstinação em domar as mãos permitiram que João sonhasse com uma volta triunfal.

Alguns meses depois, o projeto era uma realidade; João passava oito horas por dia sobre o teclado. Para pessoas próximas a ele, parecia uma mistura de ousadia e fantasia. Um ano antes, em 1977, o pianista não conseguia tocar por dois minutos que já sentia dor. Naquele ano, 1978, estava pronto para um dos maiores desafios de sua carreira.

"O MONSTRO VOLTOU"

O processo de preparação foi repleto de drama até o último minuto. Durante o ensaio geral, marcado para ocorrer três dias antes da nova estreia, em que estavam seu empresário e alguns poucos convidados, João passou mal após uma apresentação impecável. Ficou com a visão turva, perdeu o equilíbrio e caiu do palco. Justamente sobre a mão que tentava reabilitar. Naquele instante, ninguém mais sabia se o tão sonhado retorno ainda aconteceria. Com bolsas de gelo e aplicação do anestésico novocaína na mão, João precisava mesmo de um milagre. A última injeção seria feita apenas três horas antes do início do recital.

No dia do concerto, quando ele e a mulher se aproximaram do Carnegie Hall, presenciaram uma fila enorme. Sem entender, João fez uma pergunta tão inocente quanto descabida ao motorista do táxi:

— O que tá acontecendo nesta região da cidade?

E ele respondeu:

— Não sei qual é o raio do pianista que vai tocar hoje que parou o trânsito.

Com um enorme sorriso no rosto e o sentimento de conquista que parecia camuflar a dor nas mãos, João apenas respondeu:

— Sou eu!

Contrariando todas as projeções mais otimistas e enterrando os alertas de Jay, a realidade era que todos os 3 mil lugares estavam esgotados. A surpresa foi geral. A fila para entrar no Carnegie Hall dobrava a esquina e a excitação era o prelúdio de uma noite mágica. A superlotação ainda obrigou os organizadores do recital a colocar no palco e ao lado do próprio pianista mais trezentas cadeiras.

A volta de João Carlos Martins não ocorreu em um palco qualquer. O Carnegie Hall era, naquele momento, o templo da música e referência mundial. Reestrear ali significava que o mundo inteiro das artes ficaria sabendo que o *monstro* estava de volta.

A história do teatro é, no fundo, a própria história da música ocidental no século XX. O proprietário do local foi o escocês Andrew Carnegie, que, por anos, trabalhou em subempregos e foi obrigado a contrair um empréstimo para poder migrar para os Estados Unidos. Após trabalhar como aprendiz de tecelão numa fábrica de algodão e como mensageiro de telegramas para a Western Union, o jovem conseguiu ser empregado numa ferrovia. Foi ali

O INDOMÁVEL

que nasceu o interesse do rapaz pelo aço. Em poucos anos, era a sua empresa que fornecia a matéria-prima para as ligações entre as cidades americanas. O resultado foi a transformação da Carnegie Brothers Steel Company numa das maiores empresas do setor ao final do século XIX. E Andrew Carnegie, por sua vez, passou a figurar com uma das maiores fortunas do mundo.

Em 1901, o escocês vendeu sua empresa para o J.P. Morgan, por um valor que, hoje, seria equivalente a mais de US$ 13 bilhões. Com 66 anos, decidiu doar 90% de sua fortuna. Uma universidade e 2,8 mil bibliotecas foram fundadas, e mais de 7 mil órgãos doados a igrejas. Antes mesmo de transformar parte de seu dinheiro em um aporte para a arte, já tinha a intenção de deixar uma marca nas grandes metrópoles americanas.

Para Nova York, seu legado foi a construção da principal sala de concertos da cidade, na rua 57 com a Sétima Avenida. Na estreia, em 1891, Walter Damrosch conduziu a New York Symphony Orchestra e Piotr Ilitch Tchaikovsky regeu sua *Marche solennelle*. Para aquela semana de concertos, o russo receberia US$ 5 mil, o equivalente a mais de US$ 140 mil em 2020 e perto de um ano inteiro de salário de um maestro na época. Todas as atenções, porém, estavam focadas no teatro. Nos jornais do dia seguinte, o destaque era para "o mais lindo hall de música do mundo".[2]

E, desde então, todos os grandes artistas passaram pelo mítico Carnegie Hall, incluindo Ella Fitzgerald, Beatles, Leonard Bernstein, Richard Strauss, Rachmaninoff e mesmo Arthur Conan Doyle. Em 1904, o tenor napolitano Enrico Caruso foi o primeiro a gravar ao vivo no Carnegie Hall. Entre 1920 e 1926, Arturo Toscanini firmou presença constante, também com dezenas de gravações. No total, o italiano subiu ao palco do Hall mais de quatrocentas vezes até 1954.

O dia 16 de janeiro de 1938 no Carnegie Hall representou ainda mais um marco na história da música quando Benny Goodman uniu em um mesmo palco o jazz e a orquestra filarmônica local. Nos anos 1950, foi a vez de Edith Piaf estrear ali. No jornal *The New York Times* do dia seguinte ao show de 1956, os críticos tentaram transformar a apresentação em palavras. "Carnegie Hall encharcado em lágrimas por Edith Piaf",[3] dizia a manchete.

Mas foi exatamente nessa década que o mítico teatro quase fechou suas portas. Um empreendedor que havia comprado o local da família Carnegie tinha planos de demolir o edifício e transformá-lo em um prédio de apar-

"O MONSTRO VOLTOU"

tamentos. Se sessenta anos antes o local ficava em uma área distante do centro da cidade, naquele momento o endereço tinha se transformado no coração da metrópole americana. O negócio renderia milhões de dólares aos investidores, mas encerraria a vida de um dos palcos mais importantes da história recente da música. Coube ao violinista Isaac Stern liderar uma campanha para salvar o teatro, que, finalmente, foi comprado pela prefeitura de Nova York.

No final da década de 1970, quando João Carlos Martins estava prestes a pisar no palco do "Hall", como é carinhosamente chamado, o teatro tentava se abrir a outros gêneros. Foi a época de uma série de concertos de pop, com bandas e nomes como Led Zeppelin, James Taylor, Jethro Tull, Neil Young, The Beach Boys, Tina Turner, Elton John, Frank Zappa, The Doors e tantos outros.

Na reestreia do brasileiro, aquela seria uma noite para jamais ser esquecida. À tarde, ainda deitado na cama do quarto de hotel, João assistiu ao concerto de Horowitz, o pianista russo nacionalizado americano que ficaria conhecido por sua técnica extraordinária e riqueza sonora. Aquela lenda da música estava se apresentando na mesma sala que João ocuparia horas depois com um programa que incluía o *Terceiro concerto* de Rachmaninoff acompanhado pela regência de Zubin Mehta.

Faltando poucas horas para a sua vez, João se dirigiu ao teatro, onde repetiu sua estratégia de permanecer deitado no camarim para relaxar os músculos do braço. Enquanto repassava cada trecho em sua cabeça, era interrompido por Jay, que dizia numa mistura de ironia e alerta real:

— Não ouse cancelar esse recital. Ou nunca mais falo contigo.

De onde estava deitado, João apenas via uma janela. Um espaço que lhe abria o horizonte, não a selva de concreto de Nova York. Aquela era a brecha por onde via a imagem de sua mãe. Como nos primeiros recitais, ainda garoto, eram sua presença sólida e seus apelos ao espírito de Verdi que tornavam a tensão suportável.

— É a minha noite — sussurrava a si mesmo.

Ao chegar ao centro do palco, com apenas um gesto de agradecimento, aquele homem alto fez cessarem os aplausos do público presente. Vestido com uma casaca preta e gravata branca, demonstrava certo nervosismo diante da imensidão do salão. Estava uma vez mais sozinho, como o pugilista no ringue.

João começou pelo ponto de partida de sua vida profissional: o "Prelúdio nº 1 em dó" de Bach, obra que definia o músico no mundo. Por duas horas e dez minutos, sem intervalo, João executou o primeiro volume completo de *O cravo bem temperado*: os 24 prelúdios e as 24 fugas, em todas as tonalidades. Não era, porém, o garoto de apenas 21 anos que havia pisado no mesmo teatro quase duas décadas antes. Com 38 anos, levou aos americanos uma versão mais madura, mais romântica e mais ousada da obra do compositor alemão.

Os primeiros minutos foram de incertezas. Duvidava que pudesse ir até o fim. A cada final de peça – como o encerramento de um *round* –, público e pianista respiravam. Quase em uníssono. Como um atleta, cuidava da transpiração por alguns instantes enquanto retomava a concentração para o desafio seguinte. Conforme o recital transcorria, João foi ganhando confiança, apesar da dor que sentia devido ao acidente dias antes.

Ao final, em si menor, a intensidade e profundidade dos contrapontos conduziram o instrumentista e o teatro justamente numa clave considerada por Bach como fundamental para seu vocabulário musical. Com apenas 47 compassos no prelúdio e uma fuga que alertava ao mundo de forma precoce sobre a chegada de compositores como Wagner ou Schoenberg, Bach conclui com um sonoro, contundente e decisivo acorde em uma tonalidade maior.

A surpresa, reservada para os últimos instantes, fez o histórico Carnegie Hall experimentar uma erupção de aplausos. Celebrava-se, naquela efusiva demonstração de emoção, não apenas a música. Era a conquista sobre o corpo, sobre o sofrimento da dor. A superação, em todos os sentidos. O retorno estava garantido, com um retumbante êxito.

Por longos minutos, as 3 mil pessoas no teatro e as outras trezentas colocadas no palco ao lado do pianista o aplaudiram. Foram nove *curtain calls* – as portas que servem como uma espécie de cortina do palco do Hall fecharam e abriram nove vezes para que João pudesse agradecer, enquanto derramava lágrimas de alívio, de felicidade, de êxtase.

A multidão que tentou chegar ao camarim, no final do recital, foi o primeiro sinal concreto de que o terremoto brasileiro na música erudita fazia um retorno contundente. Pianistas como Misha Dichter, Gary Graffman, Rudolf Serkin, Abbey Simon e Dave Brubeck, além de Israela Margalit, esposa de Lorin Maazel. O fluxo de amigos, artistas e estudantes de música foi

"O MONSTRO VOLTOU"

tão intenso que a administração do Carnegie Hall se viu obrigada a declarar o fim das visitas e limitar o número de pessoas no *backstage*.

Nos dias seguintes, os jornais americanos e brasileiros, além das agências de notícias, confirmaram o sucesso do retorno. No prestigioso *The Washington Post* de 26 de setembro, a reportagem destacava como o brasileiro havia sido "ovacionado de pé" pelo público.[4] O jornalista Stan Lehman, da Associated Press, falou em "retorno triunfal";[5] a CBS News destacou o "brilhantismo e fluidez" com que João havia tocado. Para eles, tudo estava encaminhado para que João retornasse ao "primeiro escalão dos pianistas mundiais". Na Agence France Press, o destaque foi para a "verdadeira ovação" recebida pelo pianista ao final do recital.[6]

Na imprensa americana, a palavra "revelação" foi usada para descrever a forma pela qual João interpretou Bach. O pianista trouxe uma riqueza à música barroca que o público desconhecia e, enquanto garantia a preservação de sua história, abriu uma possibilidade para que ela fosse atual.

Naquele começo de outono de 1978, em Nova York, João provou que sua carreira não estava encerrada e que ele não desistiria.

O *monstro* estava de volta.

8. O indomável

O recital no Carnegie Hall não representou apenas um relâmpago de popularidade nem um último e desesperado esforço de fazer música. João provava a todos – e acima de tudo a si mesmo – que sua técnica e força de vontade tinham superado a dor. Ele vencera a aposta e até mesmo a desconfiança do empresário. Tinha vivido sua maior luta e, assim como Éder Jofre, reconquistado o mundo.

A prova de que estava de volta ao circuito mundial veio dias depois daquela noite mágica no teatro de Nova York. Após o concerto, uma das mais sofisticadas produtoras do mundo convidou-o para gravar todas as obras importantes de Johann Sebastian Bach para teclado, algo nunca realizado antes. Parecia uma missão impossível, ainda mais para um músico com o desafio de enfrentar os limites do corpo.

Oficialmente, Bach compôs 1.128 mil obras. O número, porém, diz respeito apenas às composições registradas no *Bach-Werke-Verzeichnis* (BWV), ou Catálogo de Obras de Bach. No meio musical e entre os historiadores, há o consenso de que muitas outras teriam sido compostas pelo alemão ao longo de seus 65 anos de vida. João gravaria apenas as que eram comprovadas até então como de autoria do compositor.

Em fevereiro de 1979, a aliança entre a Tomato Records e a Soundstream para gravações digitais – tecnologia que começava a ganhar espaço – incluía nomes como John Cage, Dave Brubeck, Nina Simone, Annette Peacock, Harry Partch, Philip Glass, Merle Haggard e Albert King. Agora, queriam o brasileiro João Carlos Martins.

A gravação digital era uma grande novidade naquela época. Tratava-se do armazenamento de informações sobre sons não mais de forma física, como nos discos de gramofone ou em fitas magnéticas. Jonathan D. Kramer, em seu livro *The Time of Music*, destacava como a gravação digital finalmente permitiu que técnicos e cientistas "preservassem o som com uma qualidade incomparável e possibilitou a preservação permanente do som em seu estado original, independentemente de quantas vezes o som fosse reproduzido".[1] Era, no fundo, um passo enorme para o velho sonho da humanidade de registrar o presente, de preservar a memória.

Para Kramer, a gravação digital fazia mais do que preservar. "Em cada caso, é criado um *continuum* temporal que só poderia existir por meio da gravação",[2] disse. A nova tecnologia reforçava o fenômeno – elevando-o a uma nova dimensão – que Walter Benjamin já havia notado nos anos 1930 ao examinar o impacto da reprodução mecânica em massa na mudança inevitável da natureza da arte.

> Pela primeira vez na história mundial, a reprodução mecânica emancipa uma obra de arte de sua dependência parasitária do ritual. Em um grau cada vez maior, a obra de arte reproduzida se torna a obra de arte projetada para ser reproduzida. A partir de um negativo fotográfico, por exemplo, é possível fazer qualquer número de impressões; pedir a impressão "autêntica" não faz sentido. Mas no instante em que o critério de autenticidade deixa de ser aplicável à produção artística, a função total da arte é invertida.[3]

Mas polêmicas em relação às gravações também marcaram as primeiras décadas da inovação tecnológica e houve quem tenha resistido à iniciativa. O maestro Otto Klemperer, por exemplo, era conhecido por repetir a tese de que ouvir uma reprodução de um recital era o equivalente a ir para cama com uma foto de Marilyn Monroe. E, portanto, tratava-se de um homem apaixonado pelos compositores modernistas. A Opera Kroll de Berlim, dirigida por ele, passou a ser alvo de ataques de ódio dos setores mais reacionários. Em 1933, o regente judeu foi obrigado a fugir da Alemanha.

O INDOMÁVEL

Outro argumento popular entre uma parcela dos músicos era de que, pela primeira vez na história da arte, a precisão tinha se tornado um valor superior à emoção da música. Afinal, a partir daquele momento, um erro era literalmente eterno. Pior: parecia ganhar uma dimensão cada vez maior, sempre que a gravação – impiedosa – era tocada.

Antes de conseguir um formato e uma tecnologia ideal, foram ainda décadas de experimentações, adaptações e distorções. Os discos inicialmente comercializados permitiam apenas quatro minutos de música e quem comprava os produtos era avisado, logo na capa, que o ritmo das obras não necessariamente representava o andamento na qual elas foram interpretadas pelo músico no estúdio. Isso, claro, para permitir que um movimento ou parte dele coubesse num dos lados do disco.

De fato, a história das gravações se mistura à evolução da ciência. Não por acaso, durante a Segunda Guerra Mundial, gravadoras como a britânica Decca se uniram aos esforços contra o nazismo e usaram sua experiência na busca pelo som para desenvolver radares submarinos com o objetivo de escutar a eventual chegada de inimigos. Nos anos seguintes, passaram a fornecer esses equipamentos à recém-criada Organização do Tratado do Atlântico Norte (OTAN).

Ao mesmo tempo, a música erudita tinha a possibilidade de se democratizar e chegar à recém-estabelecida classe média europeia, americana e de grandes centros urbanos pelo mundo. A evolução tecnológica tinha permitido que aparelhos para reproduzir recitais, sinfonias ou óperas fossem instalados na sala de estar da nova burguesia. E, junto com eles, vieram as coleções de discos, que iriam ser colocados orgulhosamente ao lado de uma enciclopédia e de outros itens que demonstravam a pretensão de um certo status cultural para aquele novo segmento da sociedade.

Ao longo do século XX, não foram poucos os artistas que entenderam o poder das gravações. Kramer lembra como o pianista Glenn Gould se aposentou dos palcos de concertos ainda jovem para trabalhar exclusivamente no estúdio de gravação. "Ele tinha a fama de passar apenas cerca de 10% de seu tempo de estúdio no teclado. No tempo restante, ele ouvia, editava, supervisionava as emendas etc. Sua edição era uma atividade tão criativa quanto sua forma de tocar, e os resultados indicam que ele buscava mais do que performances perfeitas",[4] escreveu.

108 O INDOMÁVEL

Suas gravações têm uma integridade e uma energia que talvez não fossem possíveis de obter "artificialmente". Mas não são documentos de apresentações ao vivo. São o legado de Gould, indubitavelmente, tão certo quanto os manuscritos de Bach são o seu testamento de compositor.

Gould, porém, não viveu a era da edição digital. Caberia a João essa tarefa.

As primeiras gravações na nova tecnologia foram salvas em fitas magnéticas e apresentadas ao público no final dos anos 1960 no Japão. Em 1977, o primeiro gravador de áudio digital chegou ao mercado e, naquele momento, a empresa americana decidiu ousar. Heiner Stadler, diretor musical da Tomato Records, queria que até 1985 todas as obras mais importantes de Bach para teclado estivessem gravadas por João e que o lançamento coincidisse com o terceiro centenário de nascimento do compositor alemão. Seria o principal produto das comemorações dos 300 anos de Bach, com a aposta de se tornar tanto uma referência histórica quanto garantir que o compositor barroco entrasse na casa de milhões de americanos.

Mesmo que a gravação retirasse a música do ritual do concerto, permitindo uma nova relação entre consumidor e intérprete, Stadler não admitia a sua banalização com emprego de músicos, instrumentos ou acústicas medíocres. Perfeccionista, o produtor exigiu que uma verdadeira fortuna fosse investida no projeto com João Carlos Martins e outros artistas. O desembolso sem qualquer controle de recursos acabou sendo o maior pecado da Tomato Records e, anos depois, teve que lidar com uma situação insustentável. Mas, naquele momento, a questão não estava em pauta. A ordem era pagar o que fosse necessário para reunir, em um só lugar, a melhor qualidade possível.

O lugar ficava a leste de Los Angeles, no campus de Pomona College, na pequena e simpática cidade de Claremont. O diretor da gravadora foi pessoalmente até lá para alugar a que era considerada, naquele momento, a sala de recital com a melhor acústica dos Estados Unidos, Mabel Shaw Bridges Hall of Music, também conhecida como Little Bridges.

Toda em madeira, a sala tinha apenas 550 cadeiras e havia sido inaugurada em 1915. Já era uma joia escondida, e ganhou ainda mais em perfeição quando, em 1970, passou por reformas. A obra foi concluída em 1972 e a Little Bridges se transformou numa das principais referências em qualidade acústica. Quem frequentava o local naqueles anos contava que bastava riscar um fósforo num canto do teatro para que o som fosse ouvido nitidamente até a última fileira.

A tarefa de fazer Bach reviver seria empreendida ali. A cada três meses, a faculdade concederia o espaço por uma semana aos produtores da Tomato Records que, com as chaves em mãos, iniciariam um projeto de dimensões colossais. Não se tratava de uma aventura musical qualquer. O compositor alemão seria festejado e homenageado em gravações que reinventariam o futuro de João Carlos Martins, definindo sua história. Assim, diante da saga de gravar as cerca de quatrocentas peças de Bach, o pianista decidiu que, antes de executar a primeira nota, passaria um ano inteiro se preparando. Rejeitou dezenas de convites para recitais e apenas manteve a agenda aberta para algumas raras aparições em público.

Meses depois, iniciou a odisseia nas proximidades de Los Angeles. De cara, enfrentou as seis *Partitas* de Bach. A sala estava reservada para ele de segunda a sexta-feira. Como sempre, adotou uma rotina rígida. Ciente de que a dor poderia voltar, pediu que as sessões de gravação ocorressem logo cedo pela manhã.

Na pacata Claremont, ele fazia tudo sempre igual. Tomava o café da manhã com a equipe da gravadora todos os dias antes das 7 horas e, em seguida, transformava a sala de recitais em um universo de sons. Tudo corria como previsto, como um cronômetro barroco. Até que, na "Partita nº 6", seu desempenho do preâmbulo não o agradou. Sim, gravar aquelas obras todas era um enorme desafio e seria aplaudido apenas pelo fato de ser realizado. Mas João queria também que sua interpretação fosse impecável. Minucioso e perfeccionista, o pianista terminou a primeira semana decisiva frustrado depois de ouvir o resultado da gravação.

Na última noite, não conseguiu pegar no sono, inconformado com o que havia escutado. Já era madrugada de sexta-feira para sábado quando decidiu que precisava agir. O que estava em jogo era sua reputação e seu legado. Telefonou para o quarto de Heiner e anunciou:

— Quero gravar de novo o preâmbulo da "Partita nº 6".

O produtor tentou convencê-lo de que seria impossível. Estava agendado para as 5 horas da manhã o transporte dos equipamentos usados na gravação digital de volta para a sede da empresa que os alugava, em Salt Lake

City. Mas João não arredou pé e propôs que a gravação ocorresse ainda naquela madrugada. Heiner não o convenceria a dormir. Era uma batalha perdida. Instantes depois, toda a equipe foi acordada no hotel onde estavam hospedados, com a missão de retornar à sala de concerto. Incrédulos, os engenheiros de som chegaram a pensar que se tratava de um chiste.

Eram 3 horas da manhã quando João chegou ao local para encontrar, de novo, o piano Steinway que havia sido levado especialmente para a gravação. Enquanto a equipe recolocava os microfones, fazia ajustes e examinava todos os detalhes técnicos, o pianista respirou fundo. Teria uma só oportunidade. Na sala, o silêncio era profundo. Até a batida do coração de cada um parecia estar suspensa.

De forma solene, João sinalizou que estava pronto. A peça que muitos consideram como a coroação das suítes de Bach ganhava audácia e profundidade a partir dos dedos e da alma de João, que a tocava com movimentos ambiciosos e inclinado sobre o piano. Ainda havia espaço para trechos de intensa expressividade. Oito minutos depois, estava pronto. O esforço da equipe foi recompensado por uma gravação impecável.

— Vamos voltar para o hotel e dormir — sentenciou o músico para alívio de todos.

Vinte minutos depois, o caminhão que havia sido enviado de Salt Lake City para recuperar o equipamento tecnológico encostava ao lado da sala de recitais. Os motoristas jamais imaginariam que, momentos antes, a própria gravação vivia uma encruzilhada. Dramas como o da "Partita nº 6" voltaram a se repetir ao longo da gravação, e a palavra "odisseia" fez cada vez mais sentido naquela viagem pela vida de Bach. Meses depois, o problema viria, dessa vez, da tecnologia, que ainda engatinhava.

João desembarcou com a então esposa e os quatro filhos em Los Angeles para gravar o desafiador volume 2 de *O cravo bem temperado* de Bach. Concentrado e ciente da dificuldade, o pianista parecia tomado por um espírito único. A gravadora havia reservado a sala, como de praxe, por uma semana inteira. João, no entanto, terminou o terceiro dia de gravação com as 48 peças registradas. Estavam absolutamente perfeitas. Não seriam necessárias as sessões de quinta e sexta-feira. Seu ritmo deixou perplexos até os mais experientes engenheiros de som que acompanhavam o processo.

O INDOMÁVEL

Na sala de controles, os sorrisos proliferaram, certos de que presenciaram um momento inédito nas artes. Naquele mesmo dia, eufórico, João convocou os filhos para uma partida de futebol num parque da cidade. Era o momento de celebrar uma verdadeira façanha musical. Horas depois, quando estavam de volta ao hotel, o telefone do quarto de João tocou. Do outro lado, Heiner não tinha boas notícias. O produtor informou ao pianista que, ao escutarem a gravação, os técnicos identificaram que uma nota do instrumento gerava uma vibração nos áudios intolerável para um produto comercializado como de excelência de som.

— Não vamos permitir que chegue ao mercado assim. Teremos de regravar as 48 peças — disse Heiner.

Entre um susto sem igual e frustração profunda, João perdeu a cabeça. Num surto de aborrecimento, rejeitou voltar à gravação e apenas anunciou:

— Esqueçam que eu existo — disse, desligando o telefone.

Na manhã seguinte, sua decisão não havia mudado. Pegou a família e, no carro que tinham alugado, decidiram passar o dia na Disneyland. Queria distância de tudo aquilo. Mas o desastre não saía de sua cabeça. Tinha a convicção de que havia sido perfeito, numa interpretação que talvez não se repetisse com a mesma facilidade e naquelas condições de tensão.

Atormentado pelo risco de o projeto inteiro ruir, teria que tomar uma decisão. Já era madrugada quando decidiu ligar de novo para o diretor da Tomato Records e dar a notícia de que estava disposto a voltar ao piano e regravar as 48 peças. Mas fez exigências. A gravação teria de acontecer em apenas um dia e ele iria tocar todos os movimentos de uma só vez. Heiner não acreditou no que escutava nem na proposta feita pelo brasileiro.

Na manhã seguinte, a gravação começou às 7 horas. No "Prelúdio nº 1 em dó maior", o piano fez a melodia se transferir de voz em voz, quase de maneira imperceptível. Em seguida, a fuga desembarcou os trompetes no teclado da sala de recitais. E assim sucessivamente, em uma só empreitada e para deslumbramento geral, as 48 peças foram executadas antes de a manhã terminar. Sem nenhuma repetição. Sem nenhuma interrupção.

Bach jamais imaginaria que sua obra, principalmente o introspectivo volume 2 de *O cravo bem temperado*, pudesse ser tocada de uma só vez. Na sua época, os recitais de cravo ocorriam na maioria das vezes em residências. A peça completa só seria publicada em 1801, 51 anos depois de sua morte.

João desfrutava como poucos aquela aventura. Para suas gravações, queria mais que a perfeição técnica, e convidava sempre uma dezena de pessoas para recriar o ambiente de emoção.

A saga não se limitou aos imprevistos humanos ou técnicos das gravações. Enquanto o projeto caminhava, a Tomato Records entrou em concordata, resultado de gastos desmedidos e planejamento frágil. Pagava o preço elevado por uma gestão arrojada e acabou se desfazendo. Mas, antes, vendeu os direitos das gravações com João Carlos Martins e do próprio projeto para o selo Arabesque, que pertencia ao poderoso grupo Raytheon.

À medida que os discos foram chegando ao mercado, a partir de 1980, a reação era de euforia e curiosidade, tanto no setor artístico quanto entre os críticos. Um dos elogios veio da então primeira-ministra britânica, Margaret Thatcher, ao receber os três LPs com as seis *Partitas* de Bach gravadas por João.

As primeiras reportagens dos jornais estabeleceram o tom e chancelaram o projeto, mesmo com todas as surpresas que a interpretação do brasileiro gerava entre os críticos e o público mais conservador. Não foram raros os artigos alertando que os puristas teriam um choque ao ouvir a dinâmica usada e a mudança de andamento enquanto o pianista buscava o sentido interior da música. Em todos eles, porém, a constatação era de que sua interpretação era repleta de personalidade e consciência musical. Ninguém poderia sair isento ou indiferente ao ouvi-la.

No jornal *O Estado de S. Paulo*, o crítico Carlos Vergueiro escreveu em 5 de julho de 1980 que a gravação mostrava que a execução do pianista havia sido realmente superior. "João Carlos tem autoridade, maneira pessoal de execução, bom gosto, acabamento perfeito, não só do ponto de vista técnico como também interpretativo." Disse ainda que João exprimiu o pensamento de Bach "descendo ao fundo de suas intenções". O crítico destacou que a "gama de sonoridades e coloridos que consegue o pianista é verdadeiramente fora do comum". Em sua opinião, a coleção ficaria "para sempre nas grandes discotecas do mundo".[5] Na *Folha da Tarde*, a crítica também admitiu que a nova gravação iria gerar "os mais desencontrados comentários". Para o jornal, em 29 de julho de 1980, João seria "glorificado por uns e ridicularizado por outros, pois teve a ousadia de ser autêntico, de reavaliar a música de Bach".[6]

O INDOMÁVEL

Meses depois, no jornal *The New York Times*, uma vez mais os ouvintes foram alertados para o fato de que os "puristas" poderiam discordar da interpretação apresentada. Mas insistia que "Martins buscava a face humana de Bach". Para o prestigioso diário, o brasileiro fez aplicações de "cores primárias" e trouxe "ricas sonoridades". "Martins tem a técnica para sustentar suas visões fortes e de tirar o fôlego", completou.[7]

Em 5 de março de 1981, no jornal *The Boston Globe*, os críticos também apontaram que, na obra do brasileiro, não havia a tentativa de reproduzir as articulações de antigos instrumentos usados por Bach. Ou seja: João assumia que tocava em instrumentos do século XX, feitos 300 anos depois da obra. O jornal ainda destacava sua força nos movimentos rápidos e "liberdade expressiva"[8] nas peças mais lentas, afirmando que ele parecia o mais excitante intérprete a surgir no piano moderno desde Glenn Gould.

As comparações e referências a Gould fizeram parte da vida de João em diversos momentos de sua carreira. Edward Said ainda escreveria sobre isso em seu livro *Reflexões sobre o exílio*. Segundo ele, "nenhum pianista contemporâneo se firmou de forma tão brilhante por meio de uma identidade extraordinariamente distintiva quanto Glenn Gould, o canadense que morreu em 1982, aos cinquenta anos".[9]

Sua avaliação ainda mostra até mesmo que os detratores de Gould reconheciam a grandeza de seus dons. "Ele tinha uma capacidade fenomenal de tocar a complicada música polifônica – especialmente Bach – com espantosa clareza e vivacidade. András Schiff disse com razão que 'ele era capaz de controlar cinco vozes de forma mais inteligente do que a maioria [dos pianistas] consegue controlar duas'."[10]

João era considerado um dos herdeiros do pianista canadense.

"As interpretações que Gould fez de Bach – cerebrais, brilhantemente organizadas, festivas e enérgicas – abriram caminho para que outros pianistas retornassem ao compositor", escreveu Said. "Gould deixou os palcos em 1964 para confinar-se às gravações, mas vários outros intérpretes, todos influenciados por Gould – András Schiff, Peter Serkin, João Carlos Martins, Charles Rosen, Alexis Weissenberg –, ficaram conhecidos por executar as *Variações Goldberg*",[11] destacou. Segundo Said, a maneira de Gould tocar Bach provocou uma guinada sísmica nas ideias sobre a interpretação.

114 O INDOMÁVEL

João, assim, seguia essa linhagem e a imprensa o reconhecia nesse aspecto. No *Fort Wayne News* de 13 de março de 1981, o brasileiro foi descrito como músico fenomenal que fazia de Bach uma obra "intensamente excitante".[12] Com as gravações no mercado, a revista *Newsweek* de 11 de maio de 1981 também comemorou: "É bom ter Martins de volta."[13]

No *Houston Chronicle* do mesmo mês, os elogios se centraram no "brilhantismo extraordinário de sua técnica e beleza tonal". Mas a crítica oferecia uma visão menos elogiosa para os "superlativos em seções climáticas" da obra.[14] Uma vez mais, o *Boston Globe* de 29 de setembro de 1981 alertou sobre como os "trovões" das *Variações Goldberg* também poderiam causar mal-estar entre os puristas.[15]

Nada disso impediu de as gravações figurarem entre os maiores destaques da imprensa norte-americana naquele ano. Em abril, foi capa do "Ovation", um encarte do *New York Times*. Na edição anterior, a publicação trazia o lendário músico Itzhak Perlman na manchete. Na edição seguinte, Leonard Bernstein, outro ícone da música erudita do século XX. Em agosto, o jornal colocou os discos na lista dos maiores destaques de 1981. E em dezembro foi a vez do *Detroit Monitor* escrever sobre o "monumental Bach" apresentado por João, e descrever a gravação como "excitante e brilhante". Para o jornal, o pianista brasileiro levava ao público as "vozes profundas" do compositor alemão.[16]

Ao longo daqueles anos, João lidou com a surpresa causada por seu estilo sem jamais abrir mão de quem era e de como queria que Bach fosse apresentado ao público.

Chancelado pelos principais jornais, o projeto que havia sido iniciado pela Tomato Records ganhou os teatros americanos. João voltou ao Lincoln Center, em Nova York, apresentando as *Variações Goldberg* de Bach. Para a *People Weekly*, o pianista "obviamente está aqui para ficar", escreveu em 3 de maio de 1982.[17]

Ainda que pedisse a seu agente que os recitais fossem esporádicos, na esperança de manter a saúde das mãos, a procura por seu nome era constante e o assédio, uma rotina. Algumas propostas, porém, eram irrecusáveis, como tocar ao lado do amigo pianista e também brasileiro Arthur Moreira Lima. E, pouco a pouco, o ritmo frenético de gravações, viagens, recitais, coquetéis e ensaios tomaram sua agenda.

O INDOMÁVEL

João e Arthur se conheciam desde a infância e suas vidas se cruzaram muitas vezes, mesmo que o amigo vivesse no Rio de Janeiro, onde estudava com Lúcia Branco, a mesma professora de Tom Jobim e Nelson Freire. Nos primeiros anos de 1980, a ideia de uma apresentação da dupla era tão inovadora quanto polêmica. Eles apresentariam, num único recital, os 24 prelúdios de Bach e os de Chopin, coordenando as tonalidades.

Tanto o compositor alemão quanto o polonês radicado na França escreveram, com mais de setenta anos de diferença, obras que usavam as doze tonalidades do sistema temperado. Assim, o que os dois pianistas articularam foi um programa no qual João iniciaria com um "Prelúdio em dó maior" de Bach e, ao fim, Arthur assumiria, na mesma tonalidade, a sua versão dos prelúdios de Chopin, grande especialidade do pianista carioca desde que havia terminado em segundo lugar, em 1965, a reputada Competição Internacional de Varsóvia. Em seguida, Arthur passaria para uma peça em dó menor, abrindo caminho para João retornar a Bach, na mesma tonalidade. O espectro de cores seria alternado sucessivamente entre os instrumentistas até a conclusão dos prelúdios de ambos os compositores.

Nada havia sido planejado. Era inicialmente apenas uma brincadeira intelectual, ou uma conversa que ganhou a forma de um recital. Os dois estavam dividindo o palco em alguns concertos pelo Brasil quando, num ensaio, João usou um prelúdio de Bach para aquecer os dedos. Arthur deixou-o terminar e lançou o desafio:

— Tá bem. Você toca o teu e eu toco o meu.

A única coisa que havia em comum entre os dois mestres da música era que Chopin tinha como hábito iniciar seu aquecimento com *O cravo bem temperado* antes de mergulhar no próprio repertório. E vários de seus prelúdios apresentam temas que deliberadamente fazem alusão às melodias de Bach. Fora isso, o alemão era símbolo da ordem intelectual enquanto Chopin, do sentimento puro. Mais uma vez, João causou polêmica. Nem todos apreciavam a associação entre os dois compositores. A controvérsia, contudo, não deteve os pianistas, ambos com 41 anos, uma amizade sólida, respeito mútuo e vontade de abalar as estruturas mais conservadoras da música. E, juntos, decidiram iniciar uma turnê.

Eles sabiam que iriam tocar cada um suas respectivas 24 peças. Mas o grau de informalidade era tamanho que, no primeiro concerto, o programa sequer trazia a ordem em que apresentariam o diálogo musical. Ela apareceu apenas na tarde da estreia. E o sucesso foi total.

João, porém, estava violando uma das regras que ele e seu empresário tinham estabelecido: a de que se pouparia, de que não haveria exageros. Com o ritmo vertiginoso das gravações e das viagens para os concertos, não demorou muito para surgirem as primeiras consequências.

No início de setembro de 1981, em plena execução do "Prelúdio em sol maior", de *O cravo bem temperado* de Bach, no teatro Maksoud Plaza, no Brasil, após sentir tonturas nos dois primeiros movimentos, o pianista desmaiou, ao lado de Arthur. O piano girou diante dele e seus dedos não conseguiram encontrar as notas certas. Horas depois, no Hospital do Coração, o médico Adib Jatene lhe fez um diagnóstico previsível: estafa.

Mas não era o momento de parar. Em sua agenda individual, diversos recitais das obras de Bach estavam marcados para as semanas seguintes nos Estados Unidos. A imprensa toda o aguardava e, de fato, publicou artigos, comentários e críticas após cada apresentação; em sua maioria, foram efusivos a respeito da capacidade musical do brasileiro, porém, mais uma vez, sua interpretação causou polêmica.

No *New York Times* de 20 de setembro de 1981, o crítico Allen Hughes não escondeu a perplexidade diante da interpretação das *Variações Goldberg* no Lincoln Center em 16 de setembro, apenas duas semanas após o desmaio: "O que isso tem a ver com Bach?"[18] A grande maioria dos críticos, porém, acolheu a ousadia com entusiasmo e aplausos. Em 17 de setembro, o *New York Post* publicou uma crítica assinada por Shirley Fleming na qual ela dizia que ouvir João Carlos Martins havia sido uma "experiência cativante".[19] Em 18 de setembro, o *Daily News* publicou um artigo do crítico Bill Zachariasen que dizia duvidar que aquela temporada em Nova York teria algo semelhante.

Sobre a apresentação no Jordan Hall, em Boston, os jornais locais relataram que algumas pessoas deixaram o teatro antes do intervalo e pediram o dinheiro de volta, o que não foi aceito pela direção. Segundo o *Boston Globe*, porém, os que optaram por ficar conheceram um Bach "louco" e "livre", terminando o recital "na ponta dos pés" e "comemorando".[20]

No final do mês, finalmente, João e Arthur apresentariam Bach Meets Chopin pela primeira vez nos Estados Unidos, no teatro Y, em Nova York.

O INDOMÁVEL

Arthur quis tocar em um Steinway alemão. João pediu um instrumento de modelo americano. Os pianos foram dispostos face a face. Para alguns, era um duelo. Para outros, uma conversa que atravessava gerações, estilos e sonoridades. A expectativa era de tal ordem que, em 13 de setembro, o encontro entre Bach e Chopin rendeu uma reportagem de página inteira do *New York Times*.

A noite de estreia se tornou um dos grandes eventos da temporada na cidade e pianistas de diversos estilos estavam ansiosos para descobrir o que era aquele dueto de brasileiros. O teatro de 1.200 lugares lotou. Na primeira parte do programa, a excitação na sala era evidente. Quando os dois músicos interromperam o recital para o intervalo, os aplausos estridentes e gritos de entusiasmo escancaravam a aceitação do público americano. Tocado pela recepção calorosa, João colocou a mão sobre os ombros de Arthur e, ainda no palco, confessou:

— É emocionante a reação do público.

Em seu melhor estilo irônico, Arthur respondeu:

— A partir de agora, é valorizar a posse de bola e não arriscar nada na segunda parte.

Os dois caíram na gargalhada e, na volta, arriscaram ainda mais, incentivados pela atmosfera eletrizante da noite.

O concerto Bach Meets Chopin percorreu várias cidades americanas, entre elas a capital, Washington. Sempre com o mesmo sucesso, a mesma polêmica e a mesma surpresa. Em cada uma das críticas publicadas após os recitais, havia uma mistura da celebração da ousadia, de fascinação e, claro, dúvidas entre os mais puristas.

Daquela turnê, foi produzido um LP com o diálogo musical gravado ao vivo, que se tornaria um best-seller meses depois. Ambos estavam em plena forma, maduros musicalmente e com uma técnica exuberante. Apesar de o registro ter ocorrido enquanto se apresentavam e diante do público numa só sessão, não houve um esbarro ou deslize.

A capa do disco, feita por Milton Glaser, foi tão inovadora e surpreendente quanto o próprio projeto. Reconhecendo a dimensão da aventura apresentada pelos pianistas, ele ampliou a polêmica entre os mais conservadores com a imagem de Chopin vendo Bach tocar e apoiando uma de suas mãos sobre o ombro do alemão. Ao lado, a foto de Arthur e João.

118   O INDOMÁVEL

Nascido no Bronx, considerado um dos maiores designers gráficos norte-americanos, Milton Glaser ficou conhecido por ter criado o famoso cartaz de Bob Dylan, que se transformou na capa de seu disco de 1966 pela CBS, e desenvolvido a campanha I Love NY, que se transformou no *slogan* da cidade e foi copiada em todo o mundo.

A invencibilidade, porém, não fazia parte dos imprevisíveis movimentos da sinfonia da vida de João. Mais uma vez com a vida pautada pelas condições físicas, o pianista se deu conta de que o problema nas mãos, que acreditava estar superado, tinha voltado a atormentá-lo. Primeiro, ele manteve a situação em segredo. Aterrorizado pelo que poderia significar, João adotou inicialmente uma atitude negacionista. Mas, em 1983, os sintomas abalaram novamente seu ritmo e sua confiança.

Depois de oito viagens para Los Angeles, João havia avançado muito no épico esforço de gravar as quatrocentas peças de Bach. Faltavam apenas cerca de duzentas delas e o prazo final, proposto para 1985, se aproximava. Incapaz de manter o ritmo de recitais e gravações, foi obrigado a se afastar do piano por até três meses como forma de descansar as mãos e, assim, permitir que os tratamentos de relaxamento e até ioga pudessem fazer efeito. Mas, gradativamente, nem isso mais dava os resultados esperados.

Em meados de 1983, numa conversa repleta de dor em sentido amplo, João comunicou ao empresário e ao selo Arabesque que não teria condições de completar as gravações até 1985. Por mais que Jay soubesse do risco de o problema voltar, a esperança dele, de seus funcionários, dos patrocinadores e da gravadora era de que a mão de João sobrevivesse à empreitada.

Um acordo foi selado. O brasileiro abandonaria o projeto. Mas voltaria aos palcos em 1985 para a celebração dos 300 anos de Bach no Carnegie Hall.

— Para isso estarei pronto — garantiu o músico.

Seria também sua despedida. Momentos antes de ir ao teatro em que se apresentaria, João esbarrou com o pianista americano Harvey Lavan "Van" Cliburn no elevador do hotel onde estava hospedado, o luxuoso Salisbury.

"Martins, o que vai fazer?", perguntou o ícone da música dos EUA. Quando entendeu que o brasileiro daria mais um concerto, Van Cliburn não se conteve e, de forma enfática, aconselhou João a deixar os palcos e se concentrar nas gravações. "É extremamente estressante. Antes e durante", justificou.

O INDOMÁVEL

Van Cliburn, no auge da Guerra Fria e com apenas 23 anos, entrou para a história da política internacional. Em 1958, ele venceu o primeiro Concurso Internacional Tchaikovsky em Moscou. O evento havia sido criado ainda na euforia do lançamento da nave Sputnik e no esforço do Kremlin em demonstrar a superioridade do modelo soviético. Na mente dos organizadores, um pianista local certamente venceria o concurso. Para isso, escolheram um júri formado em parte por músicos soviéticos, incluindo Dmitri Kabalevsky.

Mas, depois de ouvir todos os instrumentistas, os juízes foram obrigados a pedir a autorização ao líder soviético Nikita Khrushchev para dar a primeira colocação ao pianista do Texas. Khrushchev apenas indagou se ele seria mesmo o melhor. Com a resposta positiva por parte do júri, o chefe do Kremlin ordenou que nenhuma manipulação fosse realizada e que o prêmio fosse entregue ao americano.

O Kremlin rapidamente construiu uma narrativa de que seu sucesso ocorria por conta de ele ter sido treinado nos EUA por Rosina Lhevinne, formada no Conservatório de Moscou. Internamente, porém, a vitória do texano abriu uma crise no meio artístico soviético. O establishment americano respirava aliviado, já que a batalha pela supremacia cultural e tecnológica agora parecia estar empatada. Não por acaso, o pianista ganhou o apelido de "Sputnik Americano" e, ao desembarcar em Nova York, foi recebido com um desfile em carro aberto pelas principais avenidas da cidade.

Ao longo dos anos, porém, a vida dos palcos foi deixada por Van Cliburn. O pianista passou a se dedicar às gravações, mesmo ciente de sua posição como herói nacional e um dos embaixadores mais persuasivos da cultura americana. A estratégia funcionou. Foi dele o primeiro Grammy para música clássica e o primeiro álbum clássico a ganhar três discos de platina, além de ter se tornado o primeiro artista erudito a vender mais de um milhão de discos.

João, naquela conversa em 1985, admitiu ao americano que estava encerrando sua trajetória. "Não se preocupe, quando eu subir ao palco, será o meu último concerto também", disse.

O período entre 1978 e 1985 foi um dos mais mágicos de sua carreira, onde tudo parecia ser possível. Mas uma vez mais seu corpo estava sucumbindo a uma doença cujo nome, até ali, nem se sabia. A euforia dos palcos, dos aplausos, das gravações dava lugar a um mal-estar profundo. João

120 O INDOMÁVEL

sequer havia chegado aos 50 anos. Os holofotes dos teatros se apagariam. Mas, como numa fresta de luz, seu corpo havia permitido que sua visão da arte interpretativa ficasse gravada.

Sua ousadia foi emprestada ao compositor que muitos consideram o maior de todos os tempos. Bach viveu parte do século XX nas mãos indomáveis, repletas de cicatrizes e insurreição de João Carlos Martins. Não eram sinais de derrotas. Eram marcas de perseverança e vitória da arte.

9. Acertos e erros na política

Harry Truman certa vez disse que se uma pessoa quisesse um amigo em Washington, seria melhor arrumar um cão. Em outras palavras, a amizade na política é uma ilusão e não faz parte das considerações do poder, seja numa democracia ou numa ditadura. João, porém, descobriria isso da forma mais dura possível.

Ainda que sua vida tenha sido permeada por políticos, pela diplomacia e por gestos de caráter público, a política partidária jamais fez parte de suas prioridades ou agenda.

Desde cedo, quando o Itamaraty anunciou que não lhe daria uma passagem para que pudesse participar de um festival no exterior, ainda nos anos 1950, João decidiu que não pediria favor algum do governo para sua carreira. Inclusive, se fosse chamado para um recital por parte de uma autoridade, se recusaria a ficar com o cachê, como acabou ocorrendo diversas vezes.

Mas a regra foi desafiada, com consequências inesperadas e custo elevado. Meses depois do sucesso de seu retorno ao Carnegie Hall, João recebeu de Tel Aviv um telefonema de Arthur Moreira Lima. Naquele momento, em 1978, ele vivia entre o apartamento de Nova York e uma confortável casa na Granja Viana, em São Paulo.

Arthur, que havia estabelecido base em Viena, o consultava sobre um possível retorno ao Brasil, depois de décadas vivendo no exterior. Para isso, porém, precisava de um emprego, um salário fixo enquanto continuava a realizar turnês, principalmente pela Europa. Tinha se separado e buscava uma forma de voltar à realidade brasileira. Comentou sobre um político paulistano que acabara de vencer as eleições para governador do estado e que assumiria o cargo em 1979.

— Ouvi falar que o governador eleito toca piano, você o conhece? — perguntou.

João admitiu que não tinha contato com o político. Mas que não seria difícil ser recebido por ele. Naquele momento, o pianista era uma das figuras mais populares da cena social paulistana.

O político pianista a que Arthur se referia era Paulo Salim Maluf, um dos principais apoiadores do ministro do Exército, Sílvio Frota. O militar era anticomunista ferrenho e representante da ala mais dura do regime militar brasileiro. Frota chegou a se opor à Lei da Anistia e fez circular um documento com nomes de pessoas no Estado brasileiro suspeitas de serem de esquerda.

Maluf apostava em uma aproximação com Frota na esperança de que o general fosse o próximo presidente do Brasil. Diante de uma batalha fratricida entre os comandantes do regime militar, a candidatura de Frota nunca ocorreu e restou ao político paulistano encontrar um caminho em seu estado natal. Sem qualquer concorrência, Maluf foi então eleito pela Arena em setembro de 1978 como governador do rico estado de São Paulo.

João, portanto, sabia que se tratava de alguém de muita influência política que não precisava prestar contas a ninguém. O pianista telefonou ao gabinete e, horas depois, o próprio Maluf retornou a ligação, convidando-o para ir ao seu escritório no mesmo dia.

A conversa foi direta. João explicou como o amigo, em Viena, queria voltar ao Brasil e buscava um trabalho. Maluf explicou que ainda não estava definindo cargos e pediu que voltasse a procurá-lo quando tivesse assumido, em 1979. E assim ocorreu.

No ano seguinte, João voltou a falar com o governador e uma nova reunião foi marcada. Arthur pediu um salário equivalente a US$ 4 mil. Em troca, daria aulas, recitais no interior do estado e, acima de tudo, apresentaria uma programação sólida na TV Cultura – um dos focos da política artística e de comunicação de Maluf. Ao longo de seu mandato, ele ampliou a rede de transmissão do canal de oito para 51 estações, com 83 repetidoras espalhadas pelo estado.

O salário que Arthur Moreira Lima solicitava era menor do que seu rendimento naquele momento. Mas considerou que poderia complementá-lo

ACERTOS E ERROS NA POLÍTICA

com viagens e concertos no exterior. Mas João também fez um alerta ao governador:

— Quero avisar que Arthur é esquerda brava. Esqueça a ideologia. Seria uma honra e um enorme ativo cultural para São Paulo tê-lo por aqui.

Imediatamente, Maluf topou a ideia.

— Tá fechado, pode avisar ao teu amigo que ele está convidado pela TV Cultura.

Ao se dirigir à porta e deixar o gabinete do governador, perplexo pela receptividade do político, João parou e repetiu o mesmo pedido por trabalho e salário, desta vez, não para algum amigo. Era para ele mesmo.

— Governador, eu posso fazer o mesmo trabalho dado para Arthur.

Maluf apenas sorriu e acenou de forma positiva.

— Tá contratado!

A partir daquele momento, João e Arthur passaram a fazer parte da grade de eventos transmitidos pela TV Cultura em troca de um salário pago pelo estado de São Paulo.

A facilidade com que Maluf aceitava as propostas de João ainda o levou a retornar ao gabinete, meses depois, para pedir ajuda para bancar o tratamento de câncer da filha do maestro Isaac Karabtchevsky. A menina, com apenas 8 anos, enfrentava um tratamento nos Estados Unidos que atingia valores proibitivos.

— A dívida que eu tiver de fazer eu farei para salvar minha filha — disse Isaac a João.

Diretor artístico da Orquestra Sinfônica Brasileira de 1969 a 1994, o maestro sequer sabia do plano.

João não pediu um emprego para Maluf. Sua ideia era montar um evento para o governo e ser recompensado em troca. E recorreu justamente ao ego de Maluf para convencê-lo. Propôs organizar um concerto com seis pianos e orquestra, regida por Karabtchevsky, com os pianistas Nelson Freire, Jacques Klein, Antonio Guedes Barbosa e Arthur Moreira Lima. João ocuparia o quinto piano. E o sexto ficaria para Maluf. O governador interpretaria as partes mais fáceis e simplificadas da partitura, com a ajuda dos demais, a elite dos pianistas brasileiros.

A peça a ser executada era o *Hexameron*, cuja própria história nasceu de um ato benevolente da aristocracia europeia, e representava os seis dias de criação do mundo. Na noite de 31 de março de 1837, em Paris, a princesa italiana Cristina Trivulzio Belgiojoso organizou uma espécie de duelo entre Franz Liszt e Sigismond Thalberg. O vencedor seria considerado o maior pianista do mundo. Para a mesma apresentação, a princesa encomendou a Franz Liszt que escrevesse uma peça para seis pianos e o músico convidou cinco amigos para apresentarem suas versões da "Marcha dos puritanos", trecho da ópera *Os puritanos* de Vincenzo Bellini: Carl Czerny, Sigismond Thalberg, Henri Herz, Johann Peter Pixis e Frédéric Chopin. A obra acabou não sendo estreada naquela noite. Chopin, já com a saúde frágil, não conseguiu terminar sua parte.

Quase 150 anos depois, João queria repetir a iniciativa, manipulando o sentimento do político que, em plena ditadura, poderia mostrar seu compromisso com a arte e a cultura. Maluf não hesitou.

— Não acredito. Que maravilha tocar com os cinco melhores pianistas do Brasil! Mas e a partitura?

Na hora do concerto, Maluf ficaria em um piano ao lado de João e de Arthur, que o socorreriam na interpretação da peça, caso fosse necessário. Arthur complementaria o trecho que o governador deveria tocar, fortalecendo a mão esquerda. Extasiado com a possibilidade da experiência, Maluf fechou o acordo com Karabtchevsky para reger diversos concertos em São Paulo, o que poderia ajudar o maestro a pagar o tratamento de sua filha. Alguns anos depois, porém, a menina não resistiu e acabou falecendo.

Maluf tinha ambições maiores na política e queria estar bem-posicionado quando o processo de redemocratização estivesse em andamento. Assim, em 1982, deixou o cargo de governador antes do final do mandato para concorrer às eleições para deputado federal. Seu vice, José Maria Marin, assumiu o governo e teria a função de administrar o estado por dez meses.

Marin e João se conheciam bem. O novo governador era assíduo frequentador da casa do pianista, principalmente aos sábados, para jogar uma partida de futebol no belo campo que havia sido construído na propriedade do músico. E foi numa dessas peladas que a vida de João ganhou um contorno inesperado. O pianista aproveitou o intervalo da partida para sugerir ao governador um nome para a assumir a Secretaria de Cultura.

— João, não vai dar — respondeu Marin. — Já escolhi meu secretário: você. E não pode dizer não para mim.

ACERTOS E ERROS NA POLÍTICA

O pianista ainda retrucou com duas condições. A primeira era política.

— Estamos num regime militar. Você segura a bronca se eu tomar atitudes que vão desagradar Brasília?

A segunda condição foi que Marin permitisse que ele levasse um piano para o gabinete para poder continuar estudando mesmo durante o expediente como secretário de Cultura. Marin topou e, em 1982, João Carlos Martins foi empossado como secretário de Cultura do estado de São Paulo. Seria um trabalho com duração de apenas dez meses, entre 1982 e 1983. Tempo suficiente para que o músico pudesse, em sua avaliação, deixar sua marca sem ter de abandonar o piano.

Enquanto ainda tomava conhecimento de como funcionava a administração pública, João acompanhou o transporte do piano pelo lado de fora do edifício até o 8º andar em que ficava a secretaria na rua Líbero Badaró. Aqueles cabos e cordas eram os sinais de que o músico havia desembarcado e que seus dez meses iriam chacoalhar a vida cultural da cidade.

Apesar do compromisso firmado por Marin, João sabia que poderia ter problemas com o regime militar. O governador, que também era da Arena, havia feito discursos contra a esquerda ao longo de sua carreira política. Antes de assumir o cargo de vice-governador, uma de suas falas acabaria abrindo um debate sobre a repressão em São Paulo.

No dia 9 de outubro de 1975, ainda como deputado estadual, ele fez parte de uma sessão em que se discutia na Assembleia Legislativa de São Paulo a cobertura política da TV Cultura. O deputado Wadih Helu acusou a rede de fazer "proselitismo do comunismo" e de ser a "Televisão Vietnã Cultura de São Paulo, paga com o dinheiro do povo, desservindo nosso governo e nossa pátria".[1] Marin apoiou as palavras de Helou e alertou para a "intranquilidade que já toma conta de São Paulo". "Quero fazer um apelo ao senhor governador do Estado: ou o jornalista está errado ou então o jornalista está certo. O que não pode continuar é essa omissão, tanto por parte do senhor secretário de Cultura, como do senhor governador. É preciso mais do que nunca uma providência, a fim de que a tranquilidade volte a reinar não só nesta Casa, mas, principalmente, nos lares paulistanos",[2] disse Marin.

Naquele mês, doze jornalistas foram presos e, no dia 25 de outubro, o diretor de jornalismo da TV Cultura, Vladimir Herzog, foi convocado a prestar depoimento. Ele compareceu espontaneamente ao DOI-Codi. No mesmo dia, o jornalista foi brutalmente assassinado. Marin, que sempre insistiu que nunca teve qualquer papel na morte, voltaria à tribuna nos meses seguintes para enaltecer o chefe da polícia secreta do governo, Sérgio Fleury.

João ignorou as graves acusações, o assassinato e o histórico de Marin e optou por reunir um time de peso para formar sua secretaria de Cultura, incluindo personalidades com ampla credibilidade como Aziz Ab'Saber, Benedito Lima Toledo e Flávio Império. Imediatamente, as turbulências começaram. Um dos primeiros encontros de João, já como secretário, foi com o engenheiro Ruy Ohtake, que estava deixando o governo Maluf naquele momento. Seu único pedido para o novo secretário foi que continuasse o projeto de preservação dos casarões tradicionais da avenida Paulista como forma de criar uma memória histórica e consolidá-la como um dos maiores corredores culturais do mundo. Tais propriedades teriam que ser tombadas e a notícia acabou vazando.

Dias depois, em plena madrugada, João recebeu um telefonema relatando que tratores estavam destruindo casas pela avenida Paulista. Diante da possibilidade de que a nova lei fosse estabelecida pela gestão de João Carlos Martins, seus donos temiam que fossem impedidos de construir prédios nos locais. Atordoado pela notícia, João pediu apoio ao delegado Romeu Tuma, do Departamento de Ordem Política e Social (Deops). Entrou em seu carro e passou a noite percorrendo a avenida com uma sirene ligada tentando impedir a destruição. Mesmo assim, naquela madrugada, a avenida Paulista perdeu uma dezena de seus casarões mais tradicionais.

No dia seguinte, João convocou empresários e bancos com propriedades na avenida Paulista para esclarecer sobre o projeto de preservação e tombamento e fazer um alerta: quem continuasse com a destruição teria os terrenos desapropriados. E viajou para o exterior para conhecer e estudar dois projetos que poderiam ser aplicados no Brasil. Um deles, o de Nova York, que delineava as regras em relação aos direitos de construção.

Uma proposta era que, se um terreno abrigasse uma casa ou estrutura com valor histórico e cultural, precisava ser mantido. Mas, no mesmo terreno, o empreendedor poderia erguer um prédio com mais andares que o limite estabelecido pela cidade naquele local. Ou receber um crédito que lhe dava permissão de construir um arranha-céu mais alto em outro

ACERTOS E ERROS NA POLÍTICA

bairro, também como maneira de anular a perda financeira que teria com a preservação.

Outra forma de compensação para atender os empresários e, ao mesmo tempo, tentar preservar a história da cidade de São Paulo foi repetir a experiência francesa. Quem preservasse a fachada de uma construção original, mesmo modificando o restante da obra, teria um desconto na aplicação de impostos.

Durante sua gestão, João testou ainda o compromisso de Marin de não interferir em seu trabalho mesmo quando os projetos fossem realizados por pessoas da resistência contra a ditadura. O secretário organizou, por exemplo, a Marcha da Mulher com Ruth Escobar, um dos nomes mais fortes do movimento feminista. Anos antes, ela havia causado a ira do regime ao chamar para ir a São Paulo a argentina Cipe Lincovsky, militante que desafiou as autoridades argentinas.

Ainda em 1968, logo após a publicação do Ato Institucional Nº 5, Ruth Escobar foi presa por sua resistência ao regime. Acabou sendo solta. Mas voltou a ser detida em outras duas ocasiões durante os 21 anos da ditadura. Numa delas, em 1977 e em pleno governo de Ernesto Geisel, sua prisão nunca foi explicada. Especula-se, porém, que o motivo teria sido o personagem de uma peça que acabara de produzir, *Torre de Babel*, de Fernando Arrabal: um burro chamado Ernesto.

Não demorou para que a gestão de João na Secretaria acendesse o alerta do Serviço Nacional de Informações (SNI), que funcionava como um órgão de espionagem da ditadura. Num certo dia, três agentes do SNI entraram em sua sala e iniciaram um interrogatório. Por qual motivo, afinal, João estava promovendo aqueles eventos e com aquelas pessoas? Sabendo do risco que corria, foi para a sala ao lado e telefonou para Roberto Kalil, amigo do então presidente João Baptista Figueiredo.

Kalil, dono de uma mina de quartzo, dedicou parte de seu tempo – e fortuna – aos cavalos. E foi por isso que conhecia o general que, em 1979, assumiria o comando do regime militar. João nunca soube o que ocorreu. Mas os três agentes do SNI deixaram o local alegando que tinham de cumprir uma "outra missão", e nunca mais se intrometeram na Secretaria de Cultura de São Paulo.

O secretário sentia, portanto, que tinha espaço para atuar, mesmo sob os olhos sempre atentos do regime militar. Mas jamais imaginou que caberia a ele garantir a existência de um palco que representou uma trincheira de resistência. Em 1983, João recebeu um telefonema dos policiais que faziam a segurança do prédio da Secretaria de Cultura.

— Doutor, o senhor José Celso Martinez está aqui na portaria com mais de quarenta pessoas e estão dizendo que vão entrar à força caso o senhor não os receba — afirmou o segurança.

Zé Celso, ator e diretor, liderava o teatro Oficina Uzyna Uzona, no bairro do Bexiga, e assumiu o papel de resistência contra uma ofensiva de compra do teatro e sua demolição. O espaço era considerado a cuna do teatro de rua no Brasil, desenhado pela arquiteta Lina Bo Bardi. O terreno, porém, não pertencia à companhia, e sim ao Grupo Silvio Santos, que tinha outros planos.

Um ano antes, Zé Celso já havia enviado uma carta ao Conselho de Defesa do Patrimônio Histórico, Arqueológico, Artístico e Turístico (CONDE-PHAAT) solicitando o tombamento do teatro Oficina, como estratégia para blindar a sua destruição. Argumentou que o prédio tinha valor cultural para a vida artística moderna do Brasil e que montagens inovadoras tiveram no teatro seu palco. O tombamento, portanto, era resistência.

No final daquele mesmo ano, em 23 de novembro, o parecer de Flávio Império confirmou o argumento do diretor de teatro e fortaleceu a simbiose entre a preservação da arquitetura do Bexiga e o papel fundamental do teatro Oficina para a arte no Brasil. Apesar disso tudo, a decisão pelo tombamento não saía e, num ato de desespero, Zé Celso e sua trupe decidiram invadir o escritório da Secretaria de Cultura. Diante da situação, João deu ordens expressas aos seguranças.

— Deixem o grupo subir. Mas fechem os elevadores e façam eles virem pelas escadas.

Eram oito andares, tempo para que o secretário pensasse o que iria dizer. Havia muito em jogo naquele momento. O imóvel em questão era de propriedade de Luiz Cocozza. Nos anos 1950, foi adaptado para receber peças de teatro. Em 1961, Zé Celso o alugou e marcou sua estreia com a peça *A vida impressa em dólar*, de Clifford Odets. Ao longo dos anos, porém, o local se tornou um raro espaço para que a democracia pudesse ser imaginada no país.

Ao abrir a porta, João encontrou Zé Celso com um recado claro:

— Vou perder o teatro se você não tombar imediatamente.

— Para quando você precisa? — perguntou o secretário.

— Para ontem — respondeu Zé Celso.

João, então, explicou ao ator e diretor que precisava retirar as quarenta pessoas de sua sala. Imaginando que seria uma forma de desmobilizar a pressão, Zé Celso protestou:

— Democraticamente, eles precisam estar aqui.

— Democraticamente, eles precisam sair — respondeu o secretário.

Retirada a trupe, João chamou Ab'Saber para uma reunião de urgência na presença de Zé Celso e explicou que o tombamento era importante para o Brasil. Entusiasta da iniciativa, mas cético diante da realidade administrativa do estado e das resistências que enfrentaria, o geógrafo que liderava o CONDEPHAAT considerou o prazo dado impossível de ser cumprido. João, porém, interrompeu aquele homem que havia sido uma referência na academia brasileira.

— Aziz, você é um homem de ideais. Sei que conseguirá.

Cinco dias depois, o processo estava concluído e o prédio na rua Jaceguai, na região central de São Paulo, estava salvo. A proteção da arquitetura como expoente de resistência ao regime militar havia vencido com o argumento do papel histórico da arte para a sociedade. Assim, em 1984, foi transformado em teatro público, sob administração do Grupo Oficina.

Da mesma que forma que atuou pelo tombamento do teatro Oficina, João conduziu processos semelhantes, como o da Serra do Japi e do Teatro Brasileiro de Comédia, conhecido como TBC. O prédio nº 315 da rua Major Diogo, na Bela Vista, repetiria a história de Zé Celso, desta vez a pedido de Antônio Abujamra. Sua proteção não ocorreria pelo "interesse arquitetônico", mas "por ter abrigado desde 1948 – no espaço ocupado por uma antiga garagem – o Teatro Brasileiro de Comédia. Este sim, um importante marco na história da arte dramática no nosso país".[3]

O final do governo de Marin coincidiu com a volta dos problemas de saúde do pianista. Sua mão, assim como em outros momentos da vida, o trairia. A partir de 1983, precisou suspender seus recitais. A única exceção

130   O INDOMÁVEL

foi o concerto em 1985 em comemoração aos 300 anos do nascimento de Bach no Carnegie Hall e a gravação histórica com a American Symphony Orchestra de mais um disco, desta vez para as comemorações de Natal, marcando a estreia da maestrina JoAnn Falletta. Anos depois, ela se consolidaria como uma das principais regentes do mundo.

Mas, outra vez, seu corpo impunha limites e exigia silêncio. João havia perdido mais uma batalha e buscava um novo sentido para sua vida.

Naquele momento, Maluf acreditava que, com o apoio dos militares, poderia ser o presidente do Brasil, que ensaiava o fim dos anos de chumbo. Pela atuação na pasta de Cultura em São Paulo, João era citado como provável ministro da Cultura, perspectiva que criava nele sentimentos contraditórios. De um lado, seria a oportunidade única de mudar a realidade artística do país. Mas, conhecendo os bastidores da política, sua intuição dizia que deveria ficar de fora. Da mesma forma que havia ficado chocado com a realidade secreta do pugilismo, anos antes, o músico havia descoberto as incoerências e hipocrisias do mundo político, em que publicamente candidatos se ofendiam e, longe das câmeras, faziam conchavos, pediam dinheiro e, no fundo, traíam seus eleitores.

A opção foi se manter distante de Brasília. O pianista chegou a telefonar para Fernanda Montenegro e sugeriu que a única pessoa que poderia ocupar o cargo seria ela, o que a atriz jamais considerou.

O encerramento da gestão como secretário de Cultura, as limitações ao piano e a vida financeira confortável o conduziram, enfim, para um novo caminho. João decidiu resgatar uma empresa que havia pedido concordata e se dedicaria a ser empresário. Queria garantir uma aposentadoria sólida e que os filhos não tivessem jamais de se preocupar com dinheiro.

A companhia era a Paubrasil Engenharia e Montagens, uma prestadora de serviços à beira da falência com apenas seis funcionários e oitocentos títulos protestados. Com recursos próprios, quitou as dívidas e fechou um contrato para a manutenção das operações da Cosipa, em Cubatão. Em poucos meses, o número de funcionários já era de quase quinhentos. Estava convicto de que ficaria ainda mais rico. O que não previu foi a combinação entre a falta de experiência e as incertezas da caótica década de 1980 no Brasil.

Em 1979, a economia mundial registrou o segundo choque do petróleo, acelerando a inflação internacional. O impacto no país foi devastador, com

ACERTOS E ERROS NA POLÍTICA

uma dívida que explodiria e preços fora de controle. O governo acreditava que só havia uma solução: a maxidesvalorização em dezembro do mesmo ano. De uma só vez, a moeda nacional perdeu 30% de seu valor.

Naquele período, o então ministro Delfim Netto havia instaurado na mente de muitos empresários brasileiros a ideia de que o modelo japonês de industrialização poderia ser copiado. No país asiático, enormes conglomerados de grupos comerciais, financeiros e industriais fizeram parte da estratégia de recuperação e crescimento do país.

No Brasil, o ministro quis replicar o modelo criando "campeões nacionais". A dificuldade foi que, para financiar tais projetos, parte da captação vinha do exterior. As empresas buscavam dólares no mercado internacional e investiam na aquisição de outras no Brasil para criar os conglomerados. Ao mesmo tempo, as dezenas de estatais nacionais também saíram em busca de financiamento externo, captando dólares que, por sua vez, foram usados para financiar o buraco da conta corrente. Um buraco criado pela importação de petróleo.

A história, porém, não acabaria bem. De forma simultânea, portanto, o Brasil ficou com os setores privado e público altamente endividados e todas as estatais com enormes déficits. A conta não fechou.

Assim, depois de um forte período de euforia dos mercados brasileiros no início dos anos 1970, o segundo choque do petróleo em 1979 mudou radicalmente o cenário da economia nacional e deu o tom da década que ficou conhecida como "década perdida". Os anos 1980, de profundas transformações, estavam começando.

Sucessivas crises foram acompanhadas por um incipiente processo de abertura política, ainda posto em dúvida devido aos desarranjos da economia em relação à real capacidade de se consolidar a transição. João Baptista Figueiredo colocou Mário Henrique Simonsen no Ministério da Fazenda com a tarefa de aplicar um programa de estabilidade, conter a inflação e adotar medidas de austeridade. Mas Simonsen não tinha como controlar os efeitos da economia mundial. Com a alta no preço do barril de petróleo, o mundo se viu pressionado pela inflação.

Delfim Netto foi convocado de volta ao governo para ajudar em 1980. Assim que assumiu o Ministério do Planejamento, pediu uma reunião na Fiesp e, subindo em uma mesa, bradou a todos: "Senhores, apertem os cintos e preparem-se para crescer." Aplaudido por todos, o discurso representou, no fundo, a senha para um desastre.

Num primeiro momento, Delfim Netto conseguiu manter taxas altas de crescimento, acima de 7%. Mas a situação do balanço de pagamentos se deteriorou devido, sobretudo, ao aumento dos preços do petróleo, com alta de 75% entre 1979 e 1980, anulando o bom desempenho das exportações, e os buracos nas contas continuaram.

Para conseguir controlar a aceleração da inflação, reduzir as taxas de juros e promover crescimento, o ministro optou por congelar a correção monetária e o câmbio. Mas não desligou a máquina de imprimir dinheiro, distribuindo crédito para a agricultura e para vários outros setores. Igualmente, o Banco do Brasil tinha uma "conta movimento" no Banco Central, uma espécie de cheque especial que permitia à instituição sacar o que desejasse.

A expansão monetária ficou incontrolável, agravando a expansão fiscal. Se não bastasse, em 1981, o Federal Reserve Bank (FED) elevou as taxas de juros e, como resultado, as linhas de crédito que o Brasil havia solicitado anos antes se tornaram impagáveis. A dívida externa brasileira explodiu e, nos anos seguintes, passaria de US$ 50,3 bilhões em 1979 para mais de US$ 100 bilhões em 1984.

Em 1981, o PIB diminuiu em 4,3%, uma enorme reviravolta para um país que acreditava estar com o futuro desenhado. A dívida externa brasileira era dolarizada em uma velocidade sem precedentes; um desastre se aproximava. Em setembro de 1982, o México decretou moratória de sua divisa e o mercado, logo em seguida, em dezembro, constatou que o Brasil também estava quebrado. O refinanciamento do passivo cambial brasileiro tinha um custo imenso, a recessão se aprofundava e o fim do acesso aos mercados estrangeiros obrigou o governo a recorrer, um ano depois, ao Fundo Monetário Internacional (FMI).

Os excessos da década de 1970 cobravam seu preço e, por três anos, o Brasil mergulhou em uma de suas piores recessões. A renda do trabalhador desabou, o desemprego aumentou e a concentração de riqueza atingiu novos patamares. Naquele ano, a economia diminuiu 3,2%, e os brasileiros perderam 6,9% de sua renda. Em fevereiro de 1983, a resposta foi uma nova maxidesvalorização da moeda brasileira, estratégia uma vez mais fracassada.

ACERTOS E ERROS NA POLÍTICA

Foi neste cenário, portanto, que o empresário João Carlos Martins seria informado que seu maior cliente, a Cosipa, pagaria apenas pelos serviços um ano depois, enquanto os pacotes adotados pelas sucessivas equipes econômicas e mesmo pelo novo presidente, José Sarney, corroíam os supostos ganhos de um empreendedor amador, sem experiência.

A década não foi perdida apenas para o Brasil. João iniciou os anos 1990 com a certeza de que teria de encerrar as atividades da empresa. Parte do prejuízo que ele teve acabou recuperado com a privatização da Cosipa no governo de Fernando Collor de Mello, mas a medíocre experiência como empresário precisava chegar ao fim. Nesse momento, ele recebeu uma visita de Paulo Maluf, que já organizava a candidatura para o governo de São Paulo, prevista para o final de 1990. A proposta do político seduziu o pianista. Maluf queria sua ajuda para ser eleito. João, já definitivamente longe do instrumento, imaginou que poderia ser seu secretário de Cultura. Se em dez meses chacoalhou o cenário artístico, o que não poderia fazer em quatro anos?

Maluf então enviou Calim Eid, chefe de campanha e braço direito, para conversar com João em seu escritório. A proposta do articulador era simples: eles ajudariam o empresário a fechar a empresa e, em troca, o pianista passaria, antes, notas frias para financiar a campanha eleitoral para governador de São Paulo.

As regras eleitorais haviam mudado e pessoas jurídicas não podiam mais fazer doações para campanha; o esquema montado tinha como objetivo driblar as regras. Os donos das maiores empreiteiras brasileiras insistiam que, para continuar a bancar os candidatos, teriam de encontrar fórmulas criativas.

João topou, com a condição de que ele também emitisse notas fiscais para todos os pagamentos. Queria uma garantia de que pudesse provar que nada ficaria para ele e que fosse capaz de mostrar que não teria ganhos financeiros com isso. A campanha de Maluf aceitou e a Paubrasil, com cinquenta pessoas dentro do escritório de João, passou a ser a empresa laranja de um esquema de financiamento de campanha.

Na prática, o sistema era simples: uma empresa que quisesse doar recursos para a campanha de Maluf transferia dinheiro para a Paubrasil com notas indicando serviços fictícios prestados pela empresa. A Paubrasil,

134 O INDOMÁVEL

então, usava o dinheiro para pagar pelos custos de campanha, da gasolina do carro do candidato ao alto salário do marqueteiro, ou a produção dos vídeos veiculados no horário eleitoral gratuito.[4] Nesse caso, sempre com notas fiscais, para poder comprovar que o dinheiro arrecadado tinha um destino. Sua teimosia, anos depois, o salvaria.

A Paubrasil se transformou num rio de dinheiro para eleger Maluf, com uma arrecadação equivalente a US$ 13 milhões. Sua campanha estava convicta da vitória. No primeiro turno, o candidato havia terminado com 43% dos votos, mais de quinze pontos percentuais acima dos demais colocados. Mas, quando a apuração terminou no segundo turno, a surpresa foi a eleição de Luiz Antônio Fleury Filho, com 51% dos votos contra 48% para Maluf.

A decepção foi ainda maior para João, que, semanas depois do fim da campanha, foi informado por Eid que a promessa de fechar a Paubrasil não seria cumprida. Trâmites legais precisavam supostamente ainda ser resolvidos e, diante da demora para tal, a proposta de Maluf era que, uma vez mais, a empresa fosse usada para a campanha pela prefeitura de São Paulo, em 1992.

O financiamento dessa vez seria menor, de US$ 6 milhões. Mas usaria exatamente o mesmo sistema de emissões de notas fiscais frias. Maluf foi finalmente eleito, com ampla maioria, mais de 58% dos votos.

Não demorou para que João voltasse às manchetes. Dessa vez, não pelo brilhantismo na música ou em gravações históricas interpretando Bach. Agora, sua foto estampava os jornais como símbolo de um escândalo político de enormes proporções.

Meses depois da posse de Maluf, em 1993, João teve o escritório invadido pela Polícia Federal e pela Receita Federal, que abriram um inquérito sobre o político paulistano. Todos os documentos foram confiscados e a crise estava instaurada. Maluf era o inimigo público número um e o pianista era parte de um esquema.

João tinha ciência de que havia cometido um erro brutal. Aquele não era o objeto social da empresa e ele jamais poderia ter prestado o serviço de dar notas frias a uma campanha eleitoral. A partir daquele momento, sua missão passou a ser provar que não havia enriquecido com o sistema montado e que não havia cobrado por emprestar a empresa ao novo prefeito.

ACERTOS E ERROS NA POLÍTICA

Com a reputação ameaçada depois de longas décadas se apresentando nos maiores teatros do mundo, resolveu chamar alguns dos principais jornalistas da época, entre eles Américo Martins, e colocou todos os documentos à disposição da imprensa.

— Aqui sobre a mesa está toda a campanha de Maluf. Se vocês acharem uma mentira, podem me aniquilar — disse aos repórteres.

Os documentos mostravam que a Paubrasil havia arrecadado US$ 19 milhões e pagado US$ 18,975 milhões aos prestadores de serviços da campanha.[5] Mas, em cadernos e de forma amadora, a contabilidade confusa ainda se misturava a uma empresa que havia sido socorrida de uma concordata. Para a Receita Federal, no entanto, os US$ 19 milhões recebidos representavam lucro.

Com o cerco se fechando contra Maluf, Eid foi chamado a depor em agosto de 1993. E negou saber de qualquer irregularidade. Para evitar o assédio da imprensa, João embarcou para os Estados Unidos e ficou hospedado em um hotel de Nova York por três meses.

A história mudou de forma radical quando, em novembro, o pianista decidiu, em comum acordo com o *staff* da campanha, que entregaria todos os documentos e a lista de 46 empreiteiras e indústrias que transferiram recursos para o político paulistano.[6] Apoiado pelo advogado Cid Vieira de Souza, presidente da OAB, o pianista apresentou 17 mil documentos. Estava tudo ali. Desde notas fiscais de pagamento de salários para os marqueteiros a gastos com padaria e posto de gasolina. As provas contaram até mesmo com uma escolta policial para que fossem depositadas no Ministério Público, na praça Roosevelt, em São Paulo.

No começo de dezembro de 1993, Flávio Maluf, admitiu ter recebido US$ 400 mil da Paubrasil. Em depoimento de mais de quatro horas, explicou que tirava o dinheiro "na boca do caixa" e pagava os fornecedores da campanha. O filho do prefeito admitiu que havia cometido o crime de sonegação, por jamais ter declarado o volume de recursos.[7]

Encurralado, o prefeito não teve opção e, em 9 de dezembro de 1993, sacrificou Calim Eid. Em um novo depoimento à Polícia Federal, o articulador de Maluf confessou ter coordenado e sido o mentor do esquema de arrecadação em que a Paubrasil havia sido utilizada.

136 O INDOMÁVEL

— Eu não seria o primeiro a contar — justificou ao explicar o motivo pelo qual negou inicialmente o envolvimento. Mas admitiu: — Todo mundo sabia que a arrecadação era ilegal. Tudo foi autorizado por mim e pelos dirigentes do PDS. A Paubrasil arrecadou irregularmente US$ 19 milhões.[8] Eid ainda fez questão de isentar o então prefeito de qualquer responsabilidade.

— Ele desconhecia por completo a origem dos recursos. Maluf não estava interessado nisso. Apenas em votos.[9]

O articulador confessou também ter recebido da empresa de João três cheques equivalentes a US$ 149 mil. Mas insistiu que eram para pagamento de gastos de campanha. Para a PF, a confissão era fundamental. Mas também foi considerada uma manobra política para livrar Maluf de qualquer processo que pudesse encerrar sua carreira política.

Restava colocar um ponto final à crise provocada na vida de João Carlos Martins. Pelo acordo, a campanha assumiria as multas impostas pela Receita Federal e admitiria a responsabilidade pelos atos. Tudo havia sido costurado entre o pianista e Eid antes de uma reunião com a equipe do superintendente do órgão público, Osiris Lopes Filho, em São Paulo.

Ao iniciar a reunião, João explicou que sua presença e de Eid era para pagar a multa que havia sido estabelecida, de US$ 6 milhões, e que o representante de Maluf faria a transferência. O articulador da campanha confirmou a versão do pianista.

— Vamos acertar. A dívida é nossa, não dele.

Mas, para surpresa de todos, Eid perguntou se o processo criminal continuaria, mesmo com o pagamento da multa. A equipe da Receita disse que sim, mas que a tendência, diante do acordo, era o processo se encerrar.

A ruptura de um compromisso começava a ser desenhada. Eid começou a contar a história de um xeique árabe que prometia pagar uma fortuna a quem ensinasse seu cavalo a falar. De todos os lados do reino, magos apareceram. Todos fracassaram e foram decapitados. Até que, certo dia, apareceu um rapaz que fez a promessa ao xeique e saiu sorrindo do encontro. Seus amigos questionaram o motivo da felicidade e o alertaram que ele seria morto. Mas o moço explicou que havia prometido ensinar o cavalo a falar e que, para tal, precisaria de vinte anos.

— Nesse prazo, ou morre o cavalo, ou o xeique ou eu.

ACERTOS E ERROS NA POLÍTICA

Assim, segundo Eid, eles não aceitariam fazer o pagamento da multa enquanto o processo criminal não fosse concluído.

A reviravolta no caso foi completa, e a traição, consolidada.

— O senhor acabou com a vida do pianista neste momento. Vamos aplicar multa de 300%. Não será mais de US$ 6 milhões, mas de US$ 18 milhões — afirmou a equipe da Receita.

Inconformado e sem entender, João indagou a Eid se aquilo era uma brincadeira.

— Você disse que ia pagar. Eu não tenho esse dinheiro. Você sabe que tudo isso foi para a campanha — disse, desesperado.

Não houve como convencer Eid a mudar de ideia. O pacto estava desfeito e a vida do pianista jamais seria a mesma. A emissão das notas frias era indefensável e João, sozinho, havia assinado todos os gastos. Os políticos tinham sido blindados e mantidos em seus cargos públicos. Nenhum de seus nomes figurava nos documentos.

João passou a ser alvo da imprensa e abandonado pelos que se beneficiaram do esquema ilegal. Nunca mais falou com Paulo Maluf, e ainda recebeu a estapafúrdia consulta, anos depois, se estaria disposto a reger um concerto em homenagem ao político que completava 80 anos. Recusou-se.

Três anos depois da eclosão da crise, em 1996, o processo criminal contra João foi encerrado por decisão unânime do Supremo Tribunal Federal, sem qualquer condenação ao pianista. Mas a questão fiscal permaneceu.

A armadilha montada pela campanha de Maluf foi o fim da carreira empresarial e política de João Carlos Martins. Se o grande medo era chegar à velhice sozinho e sem recursos, o caminho escolhido ameaçava conduzi-lo exatamente a isso. Sua reputação e a imagem sólida de compromisso com a arte construídas ao longo de décadas nos palcos estavam em risco. Iniciava-se ainda uma derrocada financeira, aliada ao remorso do último divórcio.

Pelo resto da vida, ele levaria esse cadáver enterrado no peito. As noites de insônia, suor e desespero passaram a lhe fazer companhia constante. Tinha sido duramente nocauteado.

10. Reprogramando o cérebro

Sem a música, a vida seria um erro. A frase de Friedrich Nietzsche ecoava na mente do pianista que, ao ser forçado a fechar o piano em alguns momentos da carreira, teve a existência profundamente afetada por caminhos inesperados e erros.

A única resposta que ele poderia dar ao mundo, aos amigos e à família era o retorno à música. Uma resposta acima de tudo para si mesmo. A experiência frustrada como empresário e a passagem pela política não tinham dado os resultados previstos. A vida sem a música era um erro.

Se o primeiro grande retorno aos palcos foi influenciado pela inspiração de ver um campeão do boxe retornar aos ringues no auge da carreira, desta vez seriam a decepção e a dor emocional que o levariam a considerar o piano a trincheira de sua luta, seu porto seguro e aliado mais fiel.

Tomou a decisão de não entrar nunca mais no mundo da política, com seus cinismos e manipulações. Havia aprendido a lição da forma mais dramática possível e adotou como regra não fazer declarações políticas, apoiar candidatos ou fechar acordos com governantes. Constatou que os mesmos atores da política partidária que se enfrentam em público de dia se reúnem em locais privados de noite para acertar conchavos e determinar estratégias. Viu com os próprios olhos como os que se apresentam como arautos da moral buscam, em sigilo, recursos para suas campanhas com personagens questionáveis do sistema político nacional.

Aos 53 anos e com a perspectiva de longos anos de vida pela frente, João procurou refúgio e redenção uma vez mais no piano. Em uma das visitas semanais que fazia ao pai, já com 95 anos de idade, tiveram uma longa e emocionada conversa e, ao deixá-lo, João prometeu que ele iria se orgulhar novamente do filho, através da música. Viajou para os Estados Unidos e, recluso e longe do Brasil, iniciou um novo processo de retomada da carreira musical.

Em uma entrevista em maio de 1996 ao jornal *The New York Times*, João resumiu o que havia sido esse seu desafio.

> O grande escândalo estava em todas as primeiras páginas dos jornais. Durante seis meses, não pude provar minha inocência. Quando vi meu nome nas outras páginas do jornal – não nas páginas de artes –, eu disse: "Esse é o ponto de virada da minha vida. Voltarei à música mesmo com todos os problemas físicos que tenho, e a música será minha vida de agora até a minha morte."[1]

Mas isso significava que precisava encontrar uma nova posição para a mão, se readaptar ao piano e com ele restabelecer a cumplicidade perdida. Foram dias de intensa redescoberta e olhar para dentro de si mesmo. Queria resgatar a alma de músico, treinar os dedos, driblar os movimentos involuntários, camuflar a dor. Todas as dores.

Coincidentemente ou não, todas as vezes que teve problemas que o afastaram da música, a vida pessoal também sofria. Mais um casamento entrava em profunda crise.

Como em sua introdução ao instrumento quase meio século antes, na residência dos pais e em plena madrugada, o silêncio e a privacidade marcaram o reencontro. Ao deslizar os dedos pelo teclado, João procurava novo sentido para a própria vida. Exatamente como fez, de forma involuntária, aquele garotinho em São Paulo nos anos 1950.

Meses depois, confiante de que a volta era possível, João entrou em contato com o produtor Heiner Stadler, idealizador do projeto de gravação digital das obras de Bach e que havia apostado no brasileiro nos anos 1970 como expoente da música erudita no mundo. A epopeia iniciada na costa

REPROGRAMANDO O CÉREBRO

141

oeste dos Estados Unidos tinha sido interrompida anos antes, mais uma vez devido ao problema nas mãos e diagnóstico inconcluso. Os médicos insistiam que se tratava de um problema periférico, de origem psicológica. A meta de publicar a coleção completa até 1985, ano do tricentenário de aniversário do nascimento de Bach, havia sido frustrada.

João queria retomar o projeto. Considerou que, se fosse concluído, representaria um legado único na história das gravações da música no mundo e marco na definição de Bach como patrimônio da humanidade.

Stadler aceitou o desafio e procurou uma nova gravadora que topasse bancar o projeto. Com o pianista fora dos palcos internacionais há anos e a incerteza que o rondava diante de sua condição de saúde, o retorno não era uma garantia nem para ele nem para o músico, e muito menos para a empresa que iria investir.

A Concord Concerto topou examinar a proposta. Mas, num mercado com intensa concorrência e em que ninguém tinha o direito de errar, os empresários evitavam se arriscar financeiramente. A empresa de Los Angeles era um selo da Concord Records e tinha planos ambiciosos. Ao longo dos anos, acabaria abocanhando catorze Grammy Awards e 88 nomeações ao prêmio. Mas insistia, em meados dos anos 1990, que parte do risco teria de ser assumido pelo músico brasileiro.

João, então, recebeu uma contraproposta: a empresa aceitaria reiniciar as gravações de Bach. Mas tudo dependeria do êxito do primeiro disco. O pianista continuava sendo uma referência entre o público especializado, no entanto a gravadora tinha dúvidas sobre como seria a reação comercial. Ele teria de bancar o primeiro CD com recursos próprios e, conforme ficasse provado que teria capacidade de cumprir o compromisso, os custos do restante da obra seriam arcados pela Concord Concerto. Confiante de que era a aposta certa, João aceitou as condições impostas pela gravadora.

Vários obstáculos, porém, se impuseram. Stadler alertou que a continuação da gravação não poderia ser no teatro de madeira na Califórnia, como havia ocorrido uma década antes. Sem o investimento da Concord, o aluguel da Little Bridges era caro demais e inviabilizaria a aposta.

Uma alternativa foi encontrada a milhares de quilômetros dali, em Sófia, na Bulgária. Ali, um teatro inteiro revestido em madeira repetia as mesmas condições de acústica do auditório americano. Não faltariam músicos de

142   O INDOMÁVEL

qualidade numa sociedade com forte tradição em educação musical. Nos primeiros anos da década de 1990, o país ainda vivia as consequências do fim do comunismo e dos regimes autoritários do Leste Europeu. A economia frágil acabava proporcionando preços atrativos para projetos estrangeiros.

De fato, cem anos após o escritor búlgaro Ivan Vazov publicar um romance em que alertava sobre os riscos do caminho socialista, o país passava por uma profunda e prolongada recessão. Entre 1989 e 1992, a economia havia encolhido 30% e 500 mil búlgaros estavam desempregados e desiludidos com o capitalismo que tanto prometia. Em meados dos anos 1990, 36% da população estava vivendo abaixo da linha da pobreza. Eram números catastróficos para um país com apenas 9 milhões de habitantes. A Bulgária vivia com menos da metade dos vizinhos gregos, ao sul.

O que não havia mudado era a qualidade excepcional dos músicos locais, principalmente dos solistas de Sófia. A cidade contava com uma das orquestras de câmara mais antigas da Europa, formada em 1962. Ao longo dos anos, Henryk Szeryng, Daniil Shafran, Nicanor Zabaleta, Emmanuel Pahud e Nigel Kennedy estiveram entre os convidados para tocar com o grupo.

Ao chegar em Sófia pela primeira vez, João se identificou imediatamente com a cidade e a cultura local, fazendo inúmeros amigos, principalmente musicistas. Os ícones da igreja ortodoxa o encantaram assim como os violinistas nas praças da cidade. Uma das histórias que mais o marcaram foi a de que, durante a invasão otomana, os cristãos ortodoxos búlgaros, embora não estivessem proibidos de praticar sua religião, não podiam construir nenhuma igreja cujo ápice ultrapassasse a altura de um otomano sobre seu cavalo. Como solução, os templos deste período foram construídos em buracos cavados abaixo do nível do solo e, assim, as torres não ultrapassavam a altura de um otomano sobre seu cavalo. Durante as gravações, João acendia uma vela numa dessas igrejas, diariamente.

O pianista, portanto, iniciou a retomada do projeto gravando os três primeiros concertos de Bach na capital búlgara. Assim como ocorreu em diversos momentos da vida, precisou driblar seus limites físicos. As gravações ocorriam sempre nas primeiras horas da manhã, enquanto a mão não doía tanto. Ao final de cada sessão, fisioterapeutas entravam em cena para recuperar os músculos do instrumentista para que o processo pudesse ser retomado dois dias depois. A dor, principalmente nos pulsos, era insupor-

REPROGRAMANDO O CÉREBRO

tável. Por vezes, ele alternava os dedos e a posição para que o peso do braço o ajudasse a tocar.

A aposta funcionou. A qualidade do teatro, a precisão dos músicos búlgaros e a força de vontade de João resultaram em um disco de alta qualidade que convenceu os empresários de que o investimento daria retorno. A Concord Concerto, assim, se apressou em oferecer-lhe um contrato e completar a gravação de todo o ciclo das obras mais importantes de Bach. Seriam vinte CDs num projeto descrito pela imprensa americana como "monumental".

Depois da primeira gravação no Leste Europeu, João voltou em diversas ocasiões a Sófia para registrar as suítes inglesas, as tocatas, as fantasias de Bach e muitas outras obras importantes do mestre Kantor para teclado. Era seu momento de plena maturidade técnica e sentimental na música. A cada novo CD, ficava evidente que João vivia seu auge como intérprete. Na gravação dos Concertos para Dois Pianos, embora Stadler tivesse sugerido um pianista europeu especialista em Bach para acompanha-lo, João optou pelo seu irmão, um excelente pianista. O resultado foi notável.

Nada, porém, seria evidente na vida do pianista. Numa de suas idas à Bulgária, em maio de 1995, João decidiu usar parte de suas noites para estudar piano na casa de uma amiga e excelente pianista. Rotineiramente, fazia o percurso de cerca de 1,5 quilômetro entre o hotel Sheraton, no centro de Sófia, até a casa onde estava o piano. O início da primavera europeia permitia que, mesmo de noite, ele voltasse caminhando. O hábito, porém, foi notado e, numa madrugada de fina garoa, João foi surpreendido na volta ao hotel por dois homens que tentaram assaltá-lo. A Bulgária passava por uma onda de crimes de assaltantes atrás de passaportes estrangeiros. João conseguiu acertar um chute em um deles e saiu em disparada. Mas, pelas costas, foi golpeado por uma barra de ferro na cabeça. Seu corpo permaneceu por longas horas estendido no chão daquele beco da capital búlgara até ser encontrado por um taxista que passava por acaso pela rua deserta. No dia seguinte, estranhando seu atraso, depois de ligar inúmeras vezes, o produtor Heiner Stadler foi ao hotel e não encontrou João no quarto. O desespero da equipe era total. Uma orquestra, um teatro e uma gravadora aguardavam ansiosos sem saber o que havia ocorrido. Havia muito em jogo.

João tinha sido levado para um hospital público de Sófia e, quando acordou, se deparou com um local decadente, pacientes enrolados em lençóis sujos de sangue. Ele mesmo estava em um colchonete num corredor, entre dezenas de pessoas. Mas seu maior susto foi quando se deu conta de que não podia mais mexer o braço.

Stadler, que já havia percorrido as delegacias de polícia, finalmente o encontrou no hospital. Sua missão era retirá-lo dali e diagnosticar a gravidade da situação. Numa primeira tentativa, telefonou para a Embaixada do Brasil em Sófia. Mas os representantes do Itamaraty se recusaram a ajudar. João ainda carregava a imagem de ser o facilitador do esquema ilegal de Paulo Maluf.

O produtor, então, recorreu ao governo americano, que, imediatamente, transferiu João para um hospital de referência na capital búlgara e para onde os diplomatas estrangeiros eram enviados para tratamento. Ali, constatou-se que o pianista havia sofrido uma lesão cerebral provocada pelo golpe. Ele não poderia permanecer na Bulgária, as gravações teriam de ser suspensas e sua vida corria risco.

Seu destino foi o Presbyterian Hospital de Nova York e, depois, o Jackson Memorial Hospital em Miami. Se quisesse recuperar os movimentos, teria de se submeter a um intenso e inovador projeto de reprogramação cerebral. A previsão era de que seriam necessários meses para que o tratamento desse algum resultado. E sem a garantia de que voltasse a tocar um instrumento. Uma vez mais, tudo parecia estar encerrado. Os sonhos, a aposta da Concord, os contratos e a própria carreira. Um destino que não lhe oferecia trégua.

João, porém, não desistiu. Ao falar com os médicos encarregados do processo de recuperação, o músico deixou claro: não queria sair dali sendo capaz apenas de levantar uma xícara ou colocar o garfo na boca. Ele queria sair dali para ser ovacionado nos principais palcos do mundo por sua interpretação no piano.

A microterapia que a mão exigiria era conhecida como *biofeedback*. Se as células mortas do cérebro não podiam mais ser recuperadas, as que tivessem sobrevivido seriam treinadas para substituí-las. Para voltar ao piano, portanto, iria usar uma parte nova do cérebro que teria de ser ensinada a desempenhar a nova função.

O cérebro de João seria reprogramado.

Em entrevista em maio de 1996 ao jornal *The New York Times* e para a rede NBC News, o médico que conduziu o tratamento, Bernard S. Brucker,

REPROGRAMANDO O CÉREBRO

diretor do laboratório de *biofeedback* da Universidade de Miami, explicou a estratégia:

> Quando o sr. Martins nos procurou, ele tinha uma mão direita espástica e não funcional. O sr. Martins nos disse: "Ouça, não me importa se algum dia poderei usar minha mão para alguma coisa. Tudo o que me importa é poder tocar piano novamente." Então, fizemos algo que nunca fazemos, que é reabilitá-lo ao contrário. Trabalhamos especificamente no controle motor muito fino do pulso e dos dedos para tocar piano, sem antes dar a ele o controle mais grosseiro da mão. Até hoje, ele não consegue estender a mão para apertar a sua, não consegue abotoar a camisa, não consegue pegar uma xícara de café e, ainda assim, seu desempenho ao piano é excepcional.[2]

Enquanto dava uma entrevista a um jornalista do *Washington Post*, em um restaurante, para anunciar seu retorno, João surpreendeu o repórter ao solicitar ao garçom que cortasse sua carne.

Seus dias passaram a ser ocupados por até quinze horas de trabalho, treinamento e condicionamento da operação de reconfiguração do cérebro. Como o golpe na cabeça havia afetado também o hemisfério responsável pela fala, aqueles ainda foram meses de silêncio. Pronunciar certas palavras lhe custava e conversar era sinônimo de dor física. Optou em vários momentos pela reclusão total, acompanhado apenas por um piano também mudo.

Onze meses depois, em 5 de maio de 1996, para surpresa de todos, inclusive da equipe médica, João subiu ao palco do Carnegie Hall, em Nova York, ao lado da American Symphony Orchestra. Era o primeiro concerto em onze anos, desafiando os críticos e a dor. Na programação, o *Concerto para a mão esquerda*, de Ravel, e o *Concerto nº 1 para piano*, de Alberto Ginastera, o mesmo que havia marcado seu desembarque nos Estados Unidos décadas antes. Ao terminar as últimas notas, já flutuando sobre o banco do piano, João foi ovacionado por cinco minutos. Por sua música e por sua vitória.

Ele havia driblado uma vez mais seu destino e era capa de revistas, destaque de dezenas de artigos de jornais, que celebravam a volta do pianista ao cenário internacional. O brasileiro retomou inclusive as gravações, num momento mágico da carreira, e conseguiu completar o ciclo das obras importantes de Bach. A tecnologia e sua persistência pareciam ter evitado uma aposentadoria forçada e a imprensa americana demonstrava verdadeiro fascínio diante da história de superação e de amor à arte. A *New York Magazine* escreveu:

> O que falar sobre especialistas em Bach que fazem notícias? Primeiro tivemos Glenn Gould, o canadense recluso e acelerado que se retirou dos palcos no melhor da sua forma, agora temos João Carlos Martins, com 54 anos, cuja história de vida pode ser ainda mais interessante. Sua técnica é igual à de Gould, mas com mais romantismo, paixão, cores e dinâmicas.

A *Esquire Magazine* foi mais enfática:

> Imagine Bach com o equilíbrio de Mozart, a fúria de Beethoven, o romantismo de Chopin, o impressionismo de Debussy e a objetividade de Webern. Esse é o Bach capturado pelo pianista brasileiro de 54 anos João Carlos Martins. Alguns críticos não viam isso desde os dias de glória de Glenn Gould. Martins tira Bach de seu pedestal e mostra o quão eterno ele é.

O *New York Times* em maio de 1996 deu a dimensão de seu percurso ao anunciar o retorno triunfal: "É uma história de aclamação pública e tragédia privada, de lesão traumática e recuperação obstinada. Seu retorno aos palcos marca um triunfo de resistência e força de vontade sobre os mais formidáveis obstáculos."[3] Também em maio, a revista *Time Out New York* anunciou os novos recitais de João com um título forte: "O pianista biônico."[4]

Mas a lesão cerebral era apenas parte dos limites do corpo de João. A dor nas mãos e punhos, que o acompanhou por décadas, estava agora insuportável. A teimosia em buscar constantemente novas posições para tocar se entrelaçava a apelos, inclusive místicos e religiosos. Chegou a ir rezar em uma igreja de Miami, pedindo uma luz sobre como continuar a tocar. Acreditava – e queria acreditar – em qualquer sinal. Na visita a uma catedral, levou seu cão e, ao retornar para casa e tentar novos posicionamentos para

REPROGRAMANDO O CÉREBRO   147

o braço e a mão, se deu conta de que o animal estava deitado ao lado de suas pernas. Em sua obsessão, o cachorro apontava como ele deveria tocar. Era o sinal esperado.

Aos poucos, a mão direita entrou em colapso. Nem assim João desistiu. Passou a dar recitais apenas com a mão esquerda e chegou a gravar obras de Saint-Saëns, Brahms e Ravel nessas condições mais que adversas. Os recitais e as turnês continuaram. Mas o sofrimento era cada vez mais profundo.

Até que, em 1998, aos 58 anos de idade, decidiu que não havia mais como continuar a se apresentar ao vivo. Depois de ser aclamado num concerto em Londres com a Royal Philarmonic Orquestra, no Barbican Centre, sentenciou de forma sigilosa para a esposa:

— Acabou. Não tenho mais condições de subir ao palco.

Enquanto tocava, as lágrimas escorriam pelo rosto, pois sabia que eram seus últimos momentos como pianista profissional num palco de prestígio.

Sem a pressão das turnês e dos recitais, João passou a procurar uma forma de recuperar a mão direita ou pelo menos reduzir a dor que o fazia transpirar. Voltou ao Jackson Memorial Hospital. Fez uma primeira cirurgia, em que os médicos enxertaram cartilagem oriunda de banco de órgãos no braço direito para reencapar um nervo já desgastado em virtude das frequentes e ininterruptas contrações no punho. A dor, de fato, acabou. Mas não foi suficiente. Ele queria os movimentos e o controle completo sobre os dedos.

Alguns dias depois da primeira cirurgia, fez uma segunda. Os especialistas cortaram um nervo da mão, calculando que o peso do braço seria suficiente para que João continuasse tocando. Mas o experimento inovador e ousado não funcionou. Aos poucos, a musculatura definhou e acabou completamente atrofiada.

Como em dezenas de momentos na vida, desistir não era uma palavra em seu vocabulário. Para ele, a derrota não era ser tomado pela dor ou ser incapaz de interpretar uma obra como ele desejava. O fracasso era não tentar. A derrota era não se reinventar.

Por décadas, provou aos críticos, amigos, empresários e ao público que sua vida era a arte da constante renovação da esperança e da reinvenção, fosse ela por meio da mudança na altura do banco onde se sentava para tocar, o posicionamento da mão, dos punhos ou do braço. A reinvenção incluía enganar o tempo, reprogramar o cérebro. Sua carreira e sua vida eram permeadas pela reinvenção.

Em 2002, com 62 anos de idade, João se deu conta de que, se prendesse o terceiro dedo na palma da mão com um elástico, teria força suficiente para dar impulso ao segundo dedo. Assim, sem comunicar a manobra ao público, o pianista voltou a dar alguns recitais usando apenas quatro dedos de uma das mãos e alterando o papel que as partituras destinavam para a mão direita, ele cruzava os braços para executar as partes mais difíceis com a mão esquerda que, nesta época, ainda estava em plena forma. Apenas alguém com completo controle da técnica sobre o teclado teria capacidade de dar outra função para a mão e fazer soar o que os compositores esperavam do pianista.

A criatividade ainda permitiu que realizasse um velho sonho: gravar cinco sonatas de Haydn e Mozart e, assim, mostrar sua interpretação da música do período do classicismo. Para isso ser possível, até mesmo a ordem das obras foi modificada. No estúdio, gravou durante as primeiras horas da manhã as partes rápidas e desafiadoras das sonatas, cruzando os braços em diversos momentos. O restante ficaria para o período em que as mãos começariam a dar sinais de desgaste.

Após as gravações, chegou a fazer a transcrição apenas para a mão esquerda da *Rapsódia sobre um tema de Paganini*, de Rachmaninoff, obra considerada de alta dificuldade para ser executada pelas duas mãos.

Com um repertório exclusivo para a mão esquerda, incluindo adaptações feitas por ele mesmo, João ainda realizou turnês pela China e Romênia. Ao final, começou a perceber que a mão esquerda também estava começando a dar sinais de falência dos movimentos. O pianista não tinha mais o domínio completo do movimento de ambas as mãos. Foi apenas o último suspiro de um guerreiro cujo inimigo era o próprio corpo. Um combatente contra seus limites físicos.

As mãos haviam ganhado proporções enormes, estavam completamente desconfiguradas. De volta ao Brasil, e numa tentativa desesperada, submeteu-se a mais duas cirurgias. Os resultados positivos foram breves, em algumas semanas os movimentos involuntários estavam de volta. Desta vez, os médicos foram taxativos e alertaram:

— Você nunca mais vai tocar.

REPROGRAMANDO O CÉREBRO

E, de fato, os fogos de artifício que saíram de seus instrumentos ao longo de décadas davam lugar a um silêncio eloquente. Tudo já havia sido dito. Todas as opções estavam esgotadas: a ciência, a religião, a criatividade, a obsessão, a teimosia e a superação. Era o fim de um percurso ao piano que havia encantado milhões de pessoas pelo mundo. Mas o silêncio imposto não o faria se sentir derrotado.

Meses depois de encerrar oficialmente a carreira, o jornalista alemão Matthias Matussek fez uma longa reportagem sobre a odisseia de João Carlos Martins para a revista *Der Spiegel*, com o título "Die Martins-Passion", em referência direta às cantatas de Bach. A matéria levou a cineasta alemã Irene Langemann a procurar o brasileiro com a proposta de filmar um documentário sobre sua vida para o canal francês ARTE. João tentou persuadir os organizadores do projeto a abandonar a ideia.

— Desta vez acabou mesmo. Não há mais nada a dizer.

Nada parecia fazer com que o canal europeu desistisse da história repleta de emoção e atos inesperados. O então ex-pianista topou, num gesto que acabaria mudando de novo sua vida. Um dos trechos do documentário foi gravado na Julliard School, nos Estados Unidos. João deu uma *master class* e, para orientar o desempenho de um aluno que participava do curso, passou a regê-lo, como se estivessem em um palco. Meses depois, na sessão de pré-estreia do documentário num cinema em Köln, na Alemanha, ao ver a cena na tela, passou por sua mente uma ideia: "E que tal ser maestro?"

Pouco tempo depois, João teve um sonho inusitado com o amigo Eleazar de Carvalho, uma das maiores referências entre os regentes brasileiros no século XX. O maestro de algumas das principais orquestras do mundo clamava: "João, vai ser maestro. Você é músico." O país de Bach lhe indicava um novo rumo e o manteve na música.

O documentário acabou vencendo vários festivais de cinema. Num deles, em Biarritz, a diretora telefonou do evento para João, que estava em São Paulo. Queria ouvir o resultado da premiação na categoria documentário ao seu lado, mesmo que a distância. Com o celular ligado, ela em Biarritz e ele em São Paulo, os dois juntos começaram a ouvir os nomes dos candidatos e, de repente, o anúncio de que *Die Martins-Passion* era o vencedor. Ela deixou o celular deliberadamente ligado sobre a cadeira e João conseguiu ouvir os efusivos aplausos da plateia e o agradecimento emocionado da diretora.

Mais de 9 mil quilômetros separavam as lágrimas do futuro maestro da estatueta recebida naquela noite. O filme causou enorme impacto na vida do pianista e foi um ponto de inflexão de sua carreira. Num artigo em 21 de junho de 2005, o jornal francês *Le Figaro* descreve como João Carlos Martins, no filme, "explode como uma versão de Glenn Gould mais incendiária, possuída".[5] Isso já havia sido dito pela revista da BBC, em 1995, quando ela apontou que o brasileiro poderia ser "comparado com Glenn Gould". "Em seu melhor, é de tirar o fôlego", afirmou a crítica.[6]

Em Londres, Paris ou Nova York, o pianista repetia na música o que na diplomacia brasileira havia sido apelidado de "Circuito Elizabeth Arden". Para o Itamaraty, na segunda metade do século XX, os postos nessas três metrópoles tinham se transformado no centro das decisões políticas e culturais do mundo e eram cobiçados pelos embaixadores. O nome era emprestado das embalagens dos produtos da marca Elizabeth Arden, que tinham referências às três cidades.

Aos 63 anos de idade, depois de mais de uma dezena de cirurgias nas mãos e uma trajetória profissional e pessoal extraordinária, João planejava recomeçar. A reinvenção era a única certeza que parecia existir em sua vida. Desta vez, assumiria o papel de maestro e provaria que a música não fazia parte de sua vida. Era a sua própria vida.

11. Mãos

A mitologia grega conta que o herói Aquiles cresceu para ser o maior guerreiro que o mundo tinha conhecido. Filho da ninfa Tétis e do rei Peleu, criado pelo centauro Quíron, o grande trunfo do garoto era ser praticamente invulnerável. A mãe tentou garantir sua imortalidade mergulhando-o – ainda bebê – no rio Estige. Seu corpo inteiro foi protegido por águas mágicas. Salvo os calcanhares, por onde ela o segurava. E foi neste local, durante a Guerra de Troia, que o grande guerreiro foi atingido de forma fatal por uma flecha disparada pelo príncipe troiano Páris.

Metáfora moderna de Aquiles, João tinha nas mãos a sua arte. Sinal da evolução da espécie humana, eram suas grandes aliadas. Mas também sua maior fraqueza. Era por suas mãos que se comunicava com o mundo, emocionava e construía sua carreira. Por ela vivia a agonia permanente, a incerteza e todas as batalhas.

Com os primeiros desconfortos identificados ainda na infância, a trajetória do músico seria ritmada pelas derrotas diante da dor e pela insubordinação a que a anatomia o forçava. Ironicamente, os movimentos involuntários eram frequentes justamente nos dedos indiscutivelmente necessários. Não havia negociação. De um lado, o músico perfeccionista que almejava ter fama internacional e emocionar cada uma das pessoas no teatro. De outro, o corpo que lhe impunha limites.

Se era em sua alma que a música existia, era em suas mãos que ganhava forma. Era a tradução dos pensamentos de Carl Gustav Jung, que dizia que a mão concretizava os mistérios que muitas vezes o intelecto fracassava em explicar. A ambiguidade, porém, não poderia ser mais explícita. Suas mãos definiam quem ele era no mundo e também representavam seu calcanhar de aquiles. Seu ponto mais fraco.

Por anos, o desconforto foi camuflado, enquanto médicos – incapazes de encontrar uma explicação – insistiam que se tratava dos sintomas de um músico emocionalmente afetado pela pressão, pelo palco e pela cobrança. Um atalho conveniente diante do mistério que a medicina ainda não podia lidar. Mas rejeitado pelo pianista.

Em meados dos anos 1960, João viveu uma encruzilhada na vida. Os problemas com a mão direita e os movimentos involuntários eram evidentes. Jay Hoffmann, seu empresário, sabia que havia muito em jogo para um profissional que, inclusive, consolidava a reputação no *showbiz* americano.

O empresário era um dos nomes de maior credibilidade no mercado. Ditava quem iria fazer sucesso e sua voz ecoava pelos teatros americanos como poucas. Os repetidos cancelamentos por parte de João, portanto, eram obstáculos reais, tanto para o pianista como para a imagem de Jay. Era preciso definir uma estratégia.

Em Nova York, num final de tarde e sem a presença de nenhum outro funcionário em seu escritório, ele pediu uma reunião privada com o brasileiro. Era início de outono e os dois teriam uma conversa que deveria ser mantida em sigilo. O conteúdo jamais poderia ser revelado enquanto o empresário estivesse vivo.

Caminhando para o escritório enquanto observava as folhas secas que já começavam a se desprender das árvores, João imaginava que se tratava de uma conversa séria, mas não tinha a mais vaga ideia sobre o que seria. Chegou até a pensar que Jay iria comunicá-lo que ele não mais integraria seu quadro de artistas.

Quando se encontraram, o empresário, sem meias palavras, foi direto ao assunto:

— João, hoje sou um dos grandes produtores da música nos Estados Unidos. Tenho o privilégio de poder reservar com antecedência dezenas de datas no Philharmonic Hall e no Carnegie Hall para meus artistas e projetos. Do mesmo jeito que criei o Mostly Mozart Festival at Lincoln Center, o PDQ Bach e os Midnight Concerts nas noites de sábado no Carnegie

MÃOS 153

Hall, não posso me dar ao luxo de perder credibilidade por sua causa, sem apresentar uma razão crível. Graças a Deus, no seu caso temos uma razão plausível. Você está consciente de que serei obrigado a cancelar, conforme você me pediu, tuas turnês com algumas das principais orquestras americanas, como a de Cleveland, Pittsburg e Denver, que faria todo o percurso da costa oeste, e outras tantas. Também cancelarei teus concertos com a Leningrad Symphony. Estou certo de que a melhor solução, para mim e também para você, será falar que tudo isso está ocorrendo por conta do acidente no jogo de futebol, no Central Park, em 1965, já que esse acidente teve ampla publicidade. Dessa forma, preservo a minha credibilidade e a tua também.

O argumento era plausível. Afinal, João de fato teve o acidente com apenas 25 anos de idade, de fato seu braço sofreu com o impacto da lesão e, de fato, uma cirurgia foi necessária no nervo ulnar para recuperar a musculatura que estava atrofiando por causa do acidente. Foram meses de fisioterapia para que ele voltasse a tocar. Faria, portanto, sentido que as consequências daquela lesão ainda pudessem justificar os cancelamentos de concertos e recitais sem que especulações surgissem no mercado da música.

Tanto ele quanto João, porém, sabiam que os problemas eram anteriores ao acidente durante o jogo de futebol e que, ainda que camuflado pela cirurgia, o drama do pianista não se resumia àquele fato. O temor, segundo Jay, era que o intérprete passasse a ser considerado um caso de doença mental, o que poderia determinar o fim de sua carreira e a possibilidade de uma sala de concertos, uma gravadora ou produtores não confiassem nos contratos fechados com os representantes do brasileiro.

— Estou te protegendo. Não quero que achem que você tem medo do palco ou que digam que você vive uma dificuldade psiquiátrica que envolva tua saúde mental — disse Jay.

Naquele momento, a dor nas mãos e o movimento involuntário dos dedos eram diagnosticados pelos médicos como decorrentes de uma questão psicológica e psiquiátrica, versão que João se recusava a aceitar.

Jay, porém, precisava garantir também que a versão que ele daria aos teatros americanos e pelo mundo não seria, anos depois, desmentida, sepultando a credibilidade tanto do artista quanto do empresário.

— Enquanto eu for vivo, essa será a história oficial do que ocorreu contigo, João. Você precisa me prometer que contará sempre a mesma história — cobrou Jay.

O pianista topou.

— Se você acha que deve ser assim, eu vou respeitar teu pedido.

Sem perder a fleuma, João encerrou o assunto dizendo:

— Se eu morrer antes, você mantém essa história.

E nunca mais a versão do que havia ocorrido com ele fora modificada. Em dezenas de jornais pelo mundo, o relato sobre a vida de João Carlos Martins foi atrelado à inesperada pelada no parque principal da cidade americana. Uma história que alimentava o imaginário do público dos Estados Unidos e do resto do mundo: um brasileiro que tocava para a elite cultural, capaz de circular também pelo esporte, definia, naquele momento, a própria identidade de um país.

A promessa, que convinha a todos, seria rigorosamente mantida por João e repetida à exaustão, mesmo depois de o diagnóstico ser descoberto.

Em 2003, durante as filmagens de *Die Martins-Passion*, a diretora Irene Langemann comentou que, na Alemanha, experimentos estavam sendo feitos com aplicação de toxina botulínica para controle de movimentos involuntários. Ela sugeriu que João procurasse saber se esse tipo de tratamento estava sendo feito no Brasil. A intenção era filmar a cena em tempo real para o filme que ela preparava.

João saiu à procura de informações e, finalmente, descobriu que na Unicamp havia uma neurologista que estava aplicando o procedimento com sucesso no Brasil. A equipe de filmagem entrou em contato com a universidade e, pela primeira vez, João se submeteu ao tratamento. A cena foi gravada. Não imaginou que quando a toxina fosse injetada na palma de sua mão sentiria uma das dores mais pungentes que teve na vida.

Naquele encontro, a médica o alertou que o problema não era na mão, mas no cérebro. Sua limitação não era periférica. Tratava-se de um problema no sistema nervoso central, denominado distonia focal do músico. Certamente, pela repetição de movimento, poderia provocar uma lesão de esforço repetitivo, ou LER. Mas não era a causa. Tampouco havia relação com o aspecto emocional do pianista ou com uma suposta insegurança. Ali, pela primeira vez, João recebeu o diagnóstico de que provavelmente sofria de distonia focal marcada por um distúrbio de movimento e contrações musculares involuntárias.

MÃOS

Os estudos revelavam, naquele momento, que tais **movimentos eram** padronizados, repetindo-se sempre nos mesmos locais. **Mas que poderiam** ser agravados se houvesse ativação muscular excessiva. A doença havia sido reconhecida em 1982 e considerada rara. De acordo com as pesquisas, o mecanismo neural que causava o problema envolvia diversas áreas do sistema nervoso central, tornando a resposta ou o tratamento ainda mais desafiador. Dos gânglios basais ao cerebelo, passando pelo córtex sensório-motor, todos poderiam estar implicados.

Uma característica da doença chamou a atenção de João: não tinha cura. Agora ele tinha uma explicação do sofrimento por que passou desde que sentira os primeiros sinais, com apenas 15 anos, realizando ao longo de décadas tratamentos muitas vezes contraditórios.

O diagnóstico decisivo no caso de João foi feito apenas em 2012 pelo médico brasileiro Paulo Niemeyer Filho, que realizou uma cirurgia cerebral no músico para instalar um estimulador que pudesse salvar a mão esquerda do pianista. O experimento deu o resultado esperado somente por um tempo determinado, pois o estimulador cerebral alcançou os músculos de forma integrada e não especificamente os músculos extensores. Mesmo assim, João sentiu gratidão profunda pelo médico durante os meses de sobrevida da mão esquerda, proporcionando momentos de magia.

Nos anos seguintes, os movimentos involuntários continuaram a migração para a mão esquerda, já bastante afetada. A cirurgia, acima de tudo, serviu para confirmar o diagnóstico que João procurou por mais de meio século. Ele não sofria de medo de palco, de um problema psicológico. Seu obstáculo era a distonia focal, desordem neurológica que passou a ser estudada em músicos, cirurgiões e até esportistas.

No caso dos instrumentistas, as estimativas apontam que entre 1% e 2% desses profissionais sofrem de algum grau da doença. O impacto dependeria do nível de ansiedade, de fatores genéticos, de rotina de trabalho e do acúmulo de mais de 10 mil horas de treinamento na mesma posição. A doença levou o pianista e tecladista Keith Emerson, do consagrado grupo Emerson, Lake and Palmer, ao suicídio em 2016.

A mesma desordem afetava o maior pianista norte-americano do século XX, Leon Fleisher, que por mais de duas décadas buscou respostas para os problemas que enfrentou. Assim como João, ele foi alvo de dezenas de diagnósticos, todos equivocados. Finalmente, abandonou os palcos e se dedicou a dar aulas e à regência. Após a descoberta, Fleisher se submeteu a inúmeros tratamentos e conseguiu recuperar parte dos movimentos da mão direita. A partir de então, enquanto pesquisadores mergulharam em busca de tratamentos e respostas, ele se engajou em uma campanha de conscientização e apoio para músicos em todo o mundo. Entidades como a American Academy of Neurology, a American Neurological Association, a Movement Disorders Society e a Society for Neuroscience o premiaram por esse trabalho. Em 2004, depois de 41 anos longe dos estúdios, gravou o álbum *Duas mãos*, cujo repertório se adequava às suas condições.

Por causa do acordo feito com seu empresário Jay Hoffmann, João esperou até novembro de 2020 para revelar sua real condição, quando a família anunciou a morte do empresário, ocorrida seis meses antes. Jay era admirado até mesmo por aqueles que nunca tinham trabalhado com ele, como Glenn Gould, que o classificou como o "único verdadeiro empresário da música".

João conversou com Gould apenas durante algumas horas por telefone. Após sua morte prematura, o pianista brasileiro foi convidado para ser o solista do primeiro Memorial Concert em homenagem a ele, em Toronto. Dos pais do canadense, recebeu uma carta em que comentam sobre a admiração do filho por João. Ambos nutriam respeito profundo pela atuação de Jay ao longo de décadas. Não havia, portanto, como romper o acordo feito com o ícone que havia transformado o cenário musical mundial.

Foi, assim, apenas depois da morte do empresário que o músico brasileiro assumiu ser vítima da doença e iniciou uma campanha de conscientização sobre o mal que o perseguiu desde a adolescência, a distonia focal do músico. Ele deu continuidade ao trabalho de Fleisher como integrante do conselho da Leon Fleisher Foundation for Musicians Focal Distony. Em 2022, em parceria com a Organização Mundial da Saúde (OMS), reuniu-se com cientistas de várias partes do mundo, sob a liderança da dra. Devora Kestel, diretora do Departamento de Saúde Mental da OMS, para uma conferência que contou com a participação de dezenas de jornalistas de inúmeros países, de profissionais das áreas da neurociência e da saúde mental.

A verdade sobre sua doença era finalmente divulgada. E, de forma inesperada, João ganhou mais uma oportunidade de voltar ao piano. Em

MÃOS

2020, recebeu a visita no camarim de um engenheiro industrial, Ubiratan Bizarro Costa, que contou sobre a possibilidade de criar um par de luvas que permitiria que ele tocasse. O protótipo deixou o músico cético. A engenhoca talvez permitisse vencer uma luta de boxe. Mas não tocar piano.

Mesmo assim, João convidou o inventor para almoçar em sua casa e começaram a trabalhar juntos. Meses depois, inspirado na suspensão dos carros de Fórmula 1, o engenheiro construiu o que parecia ser impossível: um mecanismo que permitiria ao músico voltar a usar todos os dez dedos. Quando entendeu como funcionaria a luva negra, correu ao piano e interpretou o *Noturno em si bemol menor*, Op. 9, nº 1, de Chopin. João estava de novo ao teclado 24 anos após seu último concerto como profissional.

Não era 10% do pianista que um dia tinha sido e conseguia interpretar apenas peças mais lentas. Mas as luvas biônicas seriam suficientes para que, em 2022, voltasse ao Carnegie Hall para comemorar os 60 anos de sua estreia no mítico teatro americano.

As "luvas mágicas" foram notícia internacional no *New York Times*, *Washington Post*, *Le Figaro*, *Euronews*, *La Nación*, *Daily Mail*, *Sydney Morning Herald* e tantos outros na Rússia, na Itália e no Japão, que aclamaram a volta do "lendário pianista".[1]

Ao longo de décadas, João passou por 29 operações. Dezoito delas, nas mãos, além de dezenas de injeções de Botox nos nervos, braços e mãos, cujas linhas foram traçadas, apagadas e redesenhadas enquanto o futuro era rescrito. Uma vida que acrescentou mais uma camada surpreendente de história sobre a fascinação da civilização pelas mãos.

É pela mão que se leem os segredos do passado e se prevê o misterioso destino. Invisível, como descrita de forma hipócrita em Adam Smith, ou definidora da condição humana, como apontou Aristóteles.

Ao dar as mãos – e não se curvar –, sociedades definiram que o gesto representaria sinal de respeito e de igualdade entre dois indivíduos. Ao dar as mãos, seria dito, com esse simples e poderoso gesto, que não empunhariam armas.

A fixação da arte pela mão é ainda outro testemunho de seu papel em determinar quem somos. Pablo Maurette, acadêmico da Florida State University, conta que "há quase quarenta milênios, na ilha de Sulawesi, na Indonésia, nas profundezas da caverna de Leang Timpuseng, artistas anônimos deixaram impressões de suas mãos nas paredes. [...] As formas, estampadas em ocre contra um fundo de terracota, mostram dedos longos e delicados; parecem mãos de pianistas",[2] escreveu. Com 39,9 mil anos de idade, essas mãos são até hoje a mais antiga obra de arte conhecida do *Homo sapiens*.

Cerca de 5 mil anos depois, segundo Maurette, e a muitos mundos de distância, artistas fizeram impressões semelhantes nas paredes da caverna de El Castillo, na Cantábria, no norte da Espanha. Mãos foram impressas nas paredes das cavernas de Chauvet e Lascaux, na França. "A fixação pelas mãos entre os primeiros artistas parece ser um padrão que ultrapassa as fronteiras culturais",[3] disse o pesquisador.

Em 1928, o artista Amédée Ozenfant não escondeu a emoção ao descobrir as mãos pintadas nas cavernas de Les Eyzies: "Ah, essas mãos! Essas silhuetas de mãos, espalhadas e estampadas em um solo ocre! Vá vê-las. Eu lhe prometo a emoção mais intensa que você já experimentou",[4] escreveu. Ele não era o único. Em 1948, Jackson Pollock não apenas assinou uma de suas obras mais importantes, a *Número 1A*, mas também deixou marcas de suas mãos na borda do quadro. Era uma homenagem aos artistas que decoraram cavernas, 12 mil anos antes.

A mão, de fato, se entrelaça com o percurso da civilização. "Desde que o *Homo habilis* começou a produzir ferramentas cada vez mais sofisticadas, há cerca de 2 milhões de anos, (...) os seres humanos têm avançado em seu domínio sobre a natureza por meio de suas mãos",[5] constata Maurette. Foram as habilidades de fabricação de ferramentas dos primeiros hominídeos que possivelmente permitiram o desenvolvimento da linguagem.

"Os defensores dessa teoria, incluindo Aldo Faisal, neurocientista do Imperial College de Londres, especulam que, à medida que os primeiros humanos começaram a trabalhar juntos para fabricar ferramentas cada vez mais sofisticadas, eles começaram a se comunicar verbalmente de maneiras igualmente complexas",[6] relata o pesquisador. Segundo ele, a mão – esse "instrumento dos instrumentos", hábil, versátil, refinado e poderoso – "pode ser a característica definidora de nossa espécie, a mutação crucial que precedeu nossa postura ereta e nossa capacidade linguística".[7]

Para João, suas mãos foram o "instrumento de todos os instrumentos". Aquele que o definiu, que o desafiou, que o consagrou. Foram suas mãos que desenharam sua resistência e, claro, sua arte. Foram mais de mil recitais

MÃOS

e concertos com algumas das maiores orquestras do mundo, nos palcos de maior prestígio, diante dos críticos mais implacáveis e de um público sempre exigente.

A agonia física era respondida por estratégias para enganar o cérebro. Algumas resultaram em um teclado, normalmente imaculado, manchado do sangue que escorreu em virtude do uso de dedeiras de metal que comprimiam três dedos de sua mão direita. Outras, por lágrimas de dor e de emoção diante da persistência de um artista incapaz de desistir.

Lendas contam que, na Batalha de Agincourt em 1415, os soldados franceses extirparam o dedo indicador e o do meio da mão direita de cada um dos arqueiros ingleses para impedi-los de atirar flechas. Aqueles que conseguiram escapar passaram a assombrar os franceses ao levantar os dois dedos num sinal de que a vingança – e as flechas – estava a caminho. Um gesto para avisar aos inimigos que iriam sobreviver. Séculos depois, o sinal ganhou novo significado e os dois dedos formando a letra V tornaram-se o símbolo de vitória, eternizado por Winston Churchill.

Incansável, João reinventou o sentido de sobrevivência cada vez que o silêncio parecia se impor. Cada vez que a derrota dava sinais de ser inevitável. Suas mãos empunharam a resistência, a insurreição e a arte.

Indomável, ele transformou sua vida num poema sinfônico.

E, nela, a música venceu.

12. De braços abertos

"A paz pode soar fácil. Uma palavra linda. Mas ela exige tudo o que temos. Todas as qualidades, todas as forças, todos os sonhos. Todo o ideal mais nobre."[1] Yehudi Menuhin, violinista e maestro, resumiu assim a busca individual por uma situação desejada por todos, buscada intensamente e raramente atingida.

Na vida de João, o silêncio jamais foi sinônimo de paz. Fechar a tampa do piano havia sido sempre uma experiência traumática. O silêncio não era o único eco que a derrota causava. Os limites físicos impostos narraram uma vida que era, a cada novo movimento, transformada. Deixar a música conduziu o pianista, em certos momentos, a trilhar caminhos errados, a construir ilusões e a ampliar a dor.

O silêncio também gerou abalos em sua vida emocional e familiar. Em certos momentos, foi a religiosidade que lhe deu um esboço de resposta. Em outros, foram as relações amorosas que lhe proporcionaram válvulas de escape. Mas, aos 63 anos, o silêncio imposto por suas mãos abriria um caminho inédito e, de fato, inaugurava uma nova etapa de vida.

A opção pela regência parecia lógica e, acima de tudo, manteria João entre os músicos. Ele havia aprendido com os erros cometidos ao se afastar da arte. Sua reinvenção não poderia significar o abandono da música. Não seria uma transição automática. Exigiria trabalho, voltar aos estudos e repensar o futuro. Também exigiria o reconhecimento de que, a partir daquele momento, a música seria um esforço coletivo. Não mais individual.

Dias depois de sonhar com Eleazar de Carvalho sugerindo que assumisse a regência, convocou a família para uma reunião no apartamento em São Paulo para fazer o anúncio.

— Serei maestro — revelou.

Sua promessa era a de que iria começar uma nova profissão e conduzir a vida a partir daquele momento com base nesse novo destino.

João tinha pressa. Ligou para um amigo violinista e lhe contou sobre a decisão. Precisava reunir em sua casa instrumentistas que pudessem ajudá-lo a fazer a transição do teclado à batuta. Com sua idade, João considerava que não teria tempo para iniciar um curso de regência de vários anos. Com o grupo de músicos, ele pretendia descobrir seus gestos e queria orientações, críticas e sugestões sobre como liderar uma orquestra.

Dias depois, dezoito instrumentistas buscavam lugar nos sofás da sala de João, enquanto cadeiras eram distribuídas. Eles seriam suas bússolas e termômetros. Os gestos seriam ultrapersonalistas. Mas todos entenderam que o único objetivo era fazer música.

Depois de ter passado décadas estudando profundamente a obra de Bach, João decidiu que seria por meio do compositor alemão que faria a migração para a regência. A primeira composição que escolheu para testar diante dos músicos foi *Concertos de Brandenburgo* e, duas vezes por semana, o encontro permitiu que o projeto de regência começasse a ganhar forma. Foi também durante esses encontros que João, pela primeira vez, imaginou a criação de uma orquestra bachiana, capaz de traduzir seus projetos e visões sobre a música.

Como maestro, iria transpor para a regência a mesma interpretação ousada e que tanta polêmica havia causado entre críticos ao executar no piano obras de compositores consagrados. Não lhe passava pela cabeça abandonar sua visão da arte e do papel da música.

Além dos músicos que o visitavam com regularidade, João recebeu alguns conselhos gerais dos regentes Abel Rocha e Júlio Medaglia, na esperança de entender a maneira pela qual uma orquestra deveria ser conduzida. Abel Rocha dava aulas na faculdade de música da FAAM, em São Paulo, e João foi até lá para encontrá-lo. Quando o diretor da instituição

DE BRAÇOS ABERTOS   163

ficou sabendo da presença do músico, sugeriu que ele assumisse a direção da própria faculdade.

Por um ano, João conduziu os trabalhos do estabelecimento de ensino e, em busca de um caminho para a regência, reuniu cerca de quinze musicistas da faculdade que formariam o embrião de uma orquestra.

Não demorou para que ele ganhasse a própria orquestra. Em 2004, foi fundada a Bachiana Chamber Orchestra, integrada pelos dezoito músicos que frequentavam sua casa. Paralelamente, com os jovens alunos da FAAM, que formavam um grupo de câmara orientado pelo professor Ênio Antunes, criou a Bachiana Jovem. Mais tarde, essas orquestras se fundiriam formando a Bachiana Filarmônica, funcionando num sistema similar ao das cooperativas.

O primeiro concerto ocorreu no hospital Beneficência Portuguesa como parte de uma série de eventos promovidos pelo empresário Antônio Ermírio de Moraes. Para um músico que havia se apresentado nos principais palcos do mundo e para os públicos mais exigentes, nada deveria intimidar. Mas não foi o que ocorreu. A batuta do maestro tremia como se ele fosse um novato. João não estava mais em seu teclado, a trincheira que o identificou por décadas. Ali, despido de qualquer proteção, estava exposto.

Sem apoio institucional ou patrocínio, a missão era quase impossível, pois a remuneração dos músicos vinha somente da venda de ingressos. Nessa época, João brincava com os músicos, dizendo que seus concertos precisavam ter quatro movimentos: *allegro*, *adagio*, *presto* e movimento de bilheteria. Os ensaios eram realizados na sala de seu apartamento, em São Paulo. Dessa vez, não havia vizinho que reclamasse. Quando havia um concerto agendado em alguma cidade do interior, era frequente que o ônibus fretado para os músicos e João saísse da porta de seu prédio. Quando o repertório exigia um número maior de músicos, eles eram arregimentados e os ensaios realizados em espaços alugados para atender à situação específica.

Com o tempo e a repercussão dos concertos, começaram a surgir alguns patrocinadores. Foi nesse momento que João idealizou a criação da Fundação Bachiana, que abrigaria a Bachiana Chamber e a Bachiana Jovem. Mesmo assim, a orquestra ainda não poderia ser considerada uma orquestra fixa e estruturada. Estava procurando uma saída para realizar o sonho de ter uma orquestra da iniciativa privada, julgado por muitos um grande devaneio.

Foi quando pensou em pedir a diversas instituições privadas e federações que um sistema fosse criado para que os empresários adotassem um ou dois músicos de sua orquestra. A primeira porta em que bateu foi a da Federação das Indústrias do Estado de São Paulo (Fiesp). Ao fim da reunião, o presidente da entidade disse para João que iria pensar no assunto. Mas não fez qualquer promessa. Desanimado, João voltou para casa pensando que, se a principal federação industrial da América Latina tinha que pensar no assunto, qual seria a resposta quando procurasse outras instituições de porte menor?

Para sua surpresa, na manhã seguinte, o maestro recebeu um telefonema da entidade. Seu presidente naquele momento, Paulo Skaf, tinha uma boa e uma má notícia. A má notícia é que não poderia adotar um músico da orquestra. A boa notícia é que iria adotar a orquestra inteira. Nascia, ali, a Bachiana Filarmônica SESI-SP, hoje a principal orquestra de iniciativa privada na América Latina. Quinze anos depois, seria a vez de o presidente da Fiesp, Josué Gomes, criar a Orquestra Bachiana Jovem SESI-SP.

Mas, naqueles anos iniciais, João teve que combinar várias atuações: como diretor artístico da própria orquestra, como grande musicista, como condutor de músicos profissionais.

A partir de 2004, turnês pelo Brasil começaram a ser organizadas e não demorou para que o empresário americano Jay Hoffmann, na última fase de sua vida profissional, se interessasse pela nova vida de João. Sua proposta era que o novo maestro gravasse os *Concertos de Brandenburgo* com a English Chamber Orchestra, em Londres. Não seriam mais estudantes de uma universidade paulistana. Nem amigos em sua sala de estar. Diante dele estariam vinte músicos ultraprofissionais, acostumados a serem liderados por alguns dos maiores maestros do mundo, como Daniel Barenboim, Colin Davis e Pinchas Zukerman. William Bennet, um dos maiores flautistas do mundo e convidado para ser um dos solistas daquela gravação, faria parte do conjunto, incapaz de tolerar amadorismo ou aventuras.

Já no primeiro dia, ficou claro que a missão internacional seria um desafio para João. Ao dar a sinalização para iniciar a primeira peça de Bach, o maestro, inseguro, cometeu um equívoco. Regência, como diria Isaac Stern,

DE BRAÇOS ABERTOS

era a capacidade do maestro de traduzir a música numa força de comunicação. Um gesto no lugar errado era, portanto, um obstáculo nesse esforço.

Imediatamente, João notou como os músicos sorriam daquele regente que deveria liderá-los. Era um sinal de desconfiança e do potencial desprezo que ele poderia enfrentar. A tensão foi de tal ordem que João não se conteve e teve um início de escape de urina, precisando interromper o ensaio nos primeiros compassos. Nada poderia ser mais desastroso.

No banheiro, diante do espelho, o maestro se cobrou de maneira impiedosa. Havia estudado Bach durante toda a vida. Havia gravado as principais obras do alemão, sabia cada detalhe de cada movimento. Era intolerável, portanto, que a insegurança asfixiasse seu conhecimento. "Volte e seja o artista que você acredita que é", ordenou a si mesmo.

No final da gravação, o maestro havia não apenas contido o medo como convencido os músicos de que sua interpretação de Bach fazia sentido. A prova de êxito foi a confissão do oboísta do grupo de câmara ao brasileiro, no final da semana de gravações, que a orquestra adotaria várias das inovadoras interpretações de João das peças de Bach sempre que estivessem sozinhos.

A frase do instrumentista, o resultado da gravação e os aplausos finais dos músicos que inicialmente se mostraram céticos foram decisivos para a nova etapa da carreira de João. A experiência em Londres incentivaria de maneira profunda sua regência e construiria uma base de segurança para a aventura em que dava seus primeiros passos.

Nos anos seguintes, o maestro construiria um enorme repertório, decorando mais de 150 obras em curto espaço de tempo. Foram anos de intenso trabalho, de mergulhos profundos em longos dias de ensaios e estudos. A transformação foi muito além da posição que ocupava na música. Se por décadas o piano fez de João uma pessoa concentrada em si mesma e individualista, a regência exigia que se redefinisse. Ao abrir os braços diante de uma orquestra, em Londres ou em São Paulo, entendeu que seria obrigado a ver a música, os instrumentistas e seu papel de uma nova maneira.

Se, no piano, para definir uma interpretação era necessário o jeito certo de tocar uma tecla e o controle dos movimentos, na regência exigiria conhecer os músicos, tirar de cada um deles o melhor. O maestro não é apenas uma peça da orquestra. É quem confere o caráter do grupo. João descobriu que tanto quanto a qualidade dos instrumentos, a paixão e o compromisso do grupo com a música são fundamentais. Cada um ali precisa se sentir parte.

Com o tempo, João entendeu também que a nova carreira o conduziria a abrir os braços para diferentes comunidades. Não era a primeira vez. Nos anos 1960, o jovem pianista percorria o interior de São Paulo sempre que visitava o Brasil levando a música para cidades distantes da capital, inclusive executando e preparando repertórios que fariam parte das turnês internacionais. A receptividade do público era enorme.

Embora residindo em Nova York, vinha três ou quatro vezes ao ano para o Brasil, quando foi convidado para presidir a Comissão Estadual de Música. Foi uma experiência de democratização da arte, uma missão, e resultou num projeto de enorme repercussão no estado. Cacilda Becker presidia na mesma época a Comissão Estadual de Teatro. Foram anos dourados para a cultura paulista, com excursões de música, teatro e artes plásticas oferecidas gratuitamente ao público pelo governo da época. Mais tarde, como secretário de Cultura, conheceu a dimensão política da arte e seu impacto na sociedade.

Agora, como maestro, tinha a possibilidade de contribuir para o processo de consolidação da democracia e da dignidade. Seu instrumento? Uma orquestra inteira.

Ao longo da história, a música nem sempre foi a forma de arte mais democrática. Por séculos, ordens religiosas determinaram o que poderia ser composto e até os intervalos de notas numa partitura. Nada poderia soar como evocação a Lúcifer. Durante anos, a nobreza bancou compositores. Mozart, em muitos aspectos, foi funcionário de príncipes. Democracia e música, portanto, não andavam de mãos dadas.

A história também revela como a música serviu de fermento patriótico, alimentando o ódio. O nacionalismo que conduziu sociedades inteiras à morte foi incentivado por trilhas sonoras que justificavam sentimentos de superioridade. Ou como diria o dramaturgo Millôr Fernandes, as tiranias também produzem belas canções. Até hoje, em certos países, uma pessoa pode ser presa se desrespeitar o hino nacional.

Não faltam exemplos de como a música também foi instrumento de propaganda, inclusive em democracias. Quando artistas americanos como

DE BRAÇOS ABERTOS

Michael Jackson, Tina Turner, Lionel Richie, Ray Charles, Stevie Wonder e Bob Dylan se reuniram para gravar "We Are the World", o objetivo não era apenas obter dinheiro para a fome causada pela guerra civil etíope entre 1983 e 1985. Juntos, fizeram um hino para celebrar a superioridade moral do Ocidente, em plena Guerra Fria. A música como dispositivo político jamais respeitou fronteiras ou ideologias.

Mas em todos esses casos, a música era inocente. Não há nada que a impeça de ser a revolução, de ser o instrumento de resistência, liberdade e de direitos.

Nos Estados Unidos, nos anos 1930, o New Deal de Franklin Delano Roosevelt incluiu uma operação de financiamento às artes e à música como parte do pacote de resgate da economia e, acima de tudo, da moral de segmentos inteiros da população americana. Graças à primeira-dama Eleanor Roosevelt, o projeto, que na época distribuiu US$ 7 milhões, apoiou 16 mil músicos, 125 orquestras, 135 bandas e 32 corais. Ao anunciar a iniciativa, em julho de 1935, o comunicado do governo era claro sobre o público que deveria atingir: as classes menos privilegiadas. "Pelo programa de instrução conduzido pelo Projeto Federal de Música, uma enorme e inesperada fome pelo conhecimento musical tem sido revelada entre as crianças subprivilegiadas e a população que precisa de ajuda."[2] A música erudita finalmente chegou às zonas rurais e pequenas cidades americanas, enquanto as orquestras, pela primeira vez, registraram um número importante de mulheres instrumentistas.

Quase um século depois, João estava convencido de que levar a música para as comunidades menos privilegiadas era sua missão. Com seus músicos, iniciou um périplo pelas periferias das grandes cidades brasileiras, pelos presídios, pelos centros de acolhimento de jovens infratores e por bairros desgastados pela injustiça social. Testemunhou como detentos não seguravam as lágrimas ao escutar a *Sétima sinfonia* de Beethoven.

A música não era apenas uma forma de entretenimento. Era um instrumento de dignidade. Sua ação não se limitaria a levar os músicos às comunidades. Queria incutir nas crianças das periferias do país o sonho de ser instrumentistas. Assim, começou a formar núcleos de jovens em regiões vulneráveis e, em pouco mais de dez anos, levou milhares de crianças, entre instrumentistas e ouvintes, para o universo da música clássica.

Seu projeto chamou a atenção internacional. Em 2012, a rede CNN incluiu o maestro em sua série dedicada a mostrar o trabalho de ativistas e idealistas pelo mundo no combate à pobreza e exclusão. João era um dos *CNN heroes* por sua atuação na favela de Paraisópolis, em São Paulo. Numa população que nem sempre tinha recursos para o café da manhã ou que morava em barracos com oito pessoas, encontrou verdadeiros diamantes.

Para alguns dos jovens, tocar numa orquestra era uma forma de resposta à falta de direitos e muitas vezes dos próprios pais. O violino como saída ao crime. A flauta como substituto às gangues. Os desafios eram colossais. Num dos casos, uma das instrumentistas da orquestra ficou sem o violino depois que o pai precisou vendê-lo para ter dinheiro para aquela semana.

João também levou a orquestra a dezenas de cidades do interior do país com menos de 10 mil habitantes. Os eventos, organizados nas praças ou igrejas, muitas vezes com telões externos, reunia parte substancial da população local.

Como maestro da Fundação Bachiana, criada em 2007, João ampliou os projetos de inclusão social através da música e iniciou diversos trabalhos de musicalização para jovens e adolescentes. A Música Venceu hoje atende centenas de crianças em seis polos de atividade com aulas de violino, viola, canto coral, violoncelo, entre outros instrumentos. Orquestrando dá apoio aos grupos musicais que existem em quase todas as cidades do Brasil, oferecendo cursos on-line de regência, orientação de repertório, disponibilização de partituras e aulas dos mais diversos instrumentos. A Fundação conta com mais de setecentas orquestras parceiras pelo Brasil, além de algumas de países de língua espanhola e portuguesa de outros continentes. Diplomou oitocentos maestros e tem mais de 250 mil visualizações nas aulas de instrumentos.

Ser músico era uma missão, mas ser empreendedor na música passou a ser uma obsessão. Ao abrir os braços e começar a reger, João acolheu a luta contra a desigualdade, o racismo, a homofobia e outros problemas estruturais de uma sociedade brasileira cruelmente injusta e violenta.

Aos poucos, o músico que havia ocupado lugar de celebridade para a classe mais abastada do Brasil passou a ser uma figura cada vez mais reconhecida pela população. Como regente, com suas obras nas periferias

DE BRAÇOS ABERTOS

e concertos por todo o país, ganhou notoriedade pública inédita, mesmo depois de uma carreira repleta de êxitos.

Após um concerto numa favela controlada pelo PCC, João errou o trajeto ao tentar voltar para o centro da cidade de São Paulo e, de repente, deparou com homens com fuzis num beco. Sinônimo de risco fatal para a grande maioria da população, a situação para o maestro foi diferente. Um dos homens falou para o comparsa "É o maestro!", e fez questão de ensinar o caminho para sair da zona controlada pelo crime organizado, alertando-o para tomar cuidado naquela região. Sem jamais colocar a arma de lado.

Sua popularidade, em alguns casos, foi além do próprio nome. Passou a ser simplesmente "maestro". O assédio por dezenas de pessoas em busca de autógrafo e uma foto se tornaria rotina após um concerto em Manaus. Nessa ocasião, exausto, decidiu atender uma última garota. Emocionada e orgulhosa, ela suspirou: "Consegui uma foto com Pavarotti."

Repetindo sua trajetória como pianista, o maestro também foi destaque no exterior. Em 2007, levou seus músicos pela primeira vez ao Carnegie Hall, seu palco em Nova York. Com seu apelo, sua história na cidade que havia sido o epicentro do poder cultural no Ocidente, o mítico teatro lotou para ver João Carlos Martins, o regente.

Para o *New York Times*, o brasileiro, "apesar de todas as adversidades mantém a música viva".[3] Três anos depois, quando pela quarta vez levou a orquestra da Fundação Bachiana Filarmônica SESI-SP para os Estados Unidos, a colunista Vivien Schwitzen do mesmo jornal americano chamou João de "o brasileiro indomável"[4] ao comentar sobre seu concerto no Avery Fisher Hall, em setembro de 2010.

Em vinte anos, o maestro percorreu mais de trezentas cidades brasileiras, apresentou com sua orquestra 2 mil concertos para um público de mais de 18 milhões de pessoas. A missão de democratizar a música erudita se tornou realidade. Ao abrir os braços para reger, João saiu da torre de marfim em que tantos músicos e artistas optaram por permanecer. Foi ao encontro dos brasileiros. Ou, como escreveu o jornalista Ricardo Kotscho, se transformou no "maestro do povo".

O silêncio imposto por suas mãos, ironicamente, rompeu seu isolamento. O maestro já não estava recluso ao piano. A música migrou de seu ponto de origem rumo ao seu destino por meio de um processo que visa garantir o sentimento de dignidade.

João, ao longo da carreira, buscou a cidadania como músico. E, no caminho, levou-a às periferias que lutam pelo direito a ter direitos.

Uma música que se, por si só, não garante a sobrevivência da democracia, constrói pontes numa comunidade e o sentimento de pertencimento.

Em sua regência, João repetiu a fórmula em que liberdade de expressão coexiste com rigor musical, que o marcou como pianista, um espelho da complexidade de sua vida. Visceral e celebratório, abriu os braços e buscou motivação na dura realidade de um país em desenvolvimento, repleto de profundas injustiças. E descobriu a fome de sonhar de uma população.

Inventou seus próprios ritos, a sacralização da convivência, essa habilidade fundamental que qualquer comunidade de destino terá de garantir para enfrentar desafios existenciais. Sem o convívio, ele estava convicto de que perderia a capacidade de fazer concessões, de escutar. Atomizada, a sociedade aprofunda seus radicalismos, sua distância. Com a música, abre um parêntese encantado no cotidiano anônimo e cria uma relação poderosa entre seus músicos.

A doença que afetou suas mãos teve ramificações profundas em sua vida particular, inclusive no destino de seus quatro casamentos. Mas quando João abriu os braços, sua limitação física sucumbiu diante da música. A doença foi incapaz de abalar sua intimidade e, por mais de vinte anos, seu quinto casamento lhe trouxe a paz que tanto havia buscado.

A transição entre o pianista e o maestro foi automática. Mas, desta vez, o novo movimento de uma sinfonia inacabada parecia tão onírico quanto sólido. Nada iria detê-lo.

Em 2023, o maestro realizou todos os concertos sentindo dores insuportáveis no quadril. Em dezembro, finalmente, precisou realizar uma cirurgia de reconstrução. A recomendação pós-cirúrgica foi clara: o maestro precisaria passar seis semanas em repouso absoluto. Ele topou. Mas impôs uma condição à equipe médica: iria respeitar o prazo de descanso, mas antes, necessitava de um milagre.

— Em quatro dias, me coloquem de pé para reger um concerto de Natal.

Momentos antes de ser sedado e levado para a sala de cirurgia, para ser operado por Giancarlo Polesello, João recebeu em seu quarto de hospital a visita do médico Roberto Kalil. Por suas mãos passaram praticamente todos aqueles que ditam o ritmo do poder no Brasil, independentemente da ideologia. Mas, naquele momento, não era nem uma conversa sobre ciência, nem sobre arte. A profunda conexão estabelecida no instante do encontro entre os dois era espiritual. Mais de setenta anos depois das sessões espíritas promovidas por sua mãe e na qual a força de Verdi era evocada, João voltou a sentir o poder do sobrenatural.

Quatro dias depois, o milagre pedido pelo maestro se transformava em realidade e durante cinquenta minutos, com uma "operação de guerra", regeu a orquestra.

João estava de pé. E, como ocorreu ao longo de sua vida, foi a partir do gesto das mãos que a música se converteu em emoção, o traço inconfundível do ser humano.

Obras disponíveis nos códigos QR

1. Noites cubanas

J. S. Bach, "Prelúdio nº 1 em dó maior" – BWV 848, de *O cravo bem temperado*, volume 1

A. Ginastera, "Tocata concertante" do *Concerto nº 1 para piano e orquestra* – Opus 28.

Disponível em: <https://youtu.be/HUQ42K2OHtU>

2. A força do destino

F. Liszt, *A dança dos gnomos* – S. 145

R. Schubert, *Improviso nº 2 em mi bemol maior* – Opus 90, nº 2

Disponível em: <https://youtu.be/RkrHMYXfm-g>.

3. O cérebro

J. S. Bach, "Primeira variação" – BWV 988, das *Variações Goldberg*

J. Haydn, *Piano sonata em mi menor – finale molto vivace* – Hob. XVI/34

Disponível em: <https://youtu.be/_nzrTzJKemU>.

4. João e Johann

J. S. Bach, "Prelúdio e fuga nº 2 em dó menor" – BWV 847, de *O cravo bem temperado*, volume 1

J. S. Bach, "Prelúdio e fuga nº 8 em mi bemol menor" – BWV 853, de *O cravo bem temperado*, volume 1

J. S. Bach, "Preâmbulo" da *Partita nº 5 em sol maior* BWV 829

Disponível em: <https://youtu.be/owRxR1wnabA>.

5. Disponível para cancelamentos

J. S. Bach, "Ária" – BWV 988, das *Variações Goldberg*
R. Schubert, *Improviso nº 4 em lá bemol maior* – Opus 90
Disponível em: <https://youtu.be/f2CYwarQPUs>.

7. "O *monstro* voltou"

J. S. Bach, "Prelúdio nº 13 em fá sustenido maior" – BWV 858, de *O cravo bem temperado*, volume 1
J. S. Bach, "Prelúdio nº 15 em sol maior" – BWV 860, de *O cravo bem temperado*, volume 1
J. S. Bach, "Prelúdio nº 6 em ré menor" – BWV 851, de *O cravo bem temperado*, volume 1
J. S. Bach, *Partita nº 6 em mi menor – toccata* – BWV 830
Disponível em: <https://youtu.be/SExJOTVeX64>.

8. O indomável

J. S. Bach, *Suíte francesa nº 5 em sol maior – sarabande* – BWV 816
J. S. Bach, *Concerto em lá maior – allegro* – BWV 1055
J. S. Bach, *Concerto de Brandenburgo nº 5 em ré maior – cadenza* – BWV 1050
Disponível em: <https://youtu.be/LEwWzgLJc E>.

10. Reprogramando o cérebro

M. Ravel, "1ª cadenza" – M.82, do *Concerto para a mão esquerda em ré maior*
P. I. Tchaikovsky, *Concerto nº 1 para piano e orquestra em si bemol menor – allegro com fuoco (coda)* – Opus 23
Disponível em: <https://youtu.be/CLXo05pwS Q>.

11. Mãos

J. S. Bach e A. Siloti, *Prelúdio em si menor* – BWV 855a
J. S. Bach, "Chaconne" da *Partita nº 2 em ré menor* – BWV 1004
Disponível em: <https://youtu.be/NQ13ccZa3zM>.

12. De braços abertos

J. S. Bach, "Ária" da *Suíte orquestral nº 3 em ré maior* – BWV 1068
J. S. Bach, *Cantata "Nós te louvamos, Senhor" em ré maior* – BWV 29
Disponível em: <https://youtu.be/BYbZySSxiU0>.

Notas

1. Noites cubanas

1. Material original de promoção do recital de João Carlos Martins, 10 de abril de 1961. Ministerio de Educación. Havana, Cuba.
2. "Martins, el piano y Latinoamérica". *Diário Combate*, 14 abr. 1961.
3. "A Argentina pagou viagem de pianista brasileiro". UPI, 26 abr. 1959.
4. "Desmentido do Itamaraty". *Folha de S.Paulo*, 27 abr. 1959.
5. "Pianist Martins, 18, in virtuoso class". *Evening Star*, 29 mai. 1959.
6. Idem.
7. "Brazilian pianist has local debut". *The New York Times*, 12 mar. 1962.
8. Lowens, Irving. "Brazil's Martins seen as keyboard giant". *Evening Star*, 3 jan. 1962.

2. A força do destino

1. Cruz, Gilda. "Heitor Villa-Lobos e a Semana de Arte Moderna: uma reinterpretação questionada". *Inteligência*, n. 96, mar. 2022.
2. Idem.
3. Idem.
4. Amaral, Aracy. *Tarsila*: sua obra e seu tempo. São Paulo: Edusp, 2010.

3. O cérebro

1. "Guiomar Novaes recital evokes fond memories". *The New York Times*, 4 dez. 1972.
2. "The mighty forty eight". *American Record Guide*, nov. 1965.
3. "Bach's forty-eight – on the piano as a piano should sound". *High Fidelity Magazine*, jan. 1966.

4. Hume, Paul. "Brazilian Pianist Plays Bach to Crowded House" *The Washington Post*, 3 jan. 1962.
5. "Is the letter on display that Truman wrote in defense of his daughter's singing?" Harry Truman Library Museum. Disponível em: <https://www.trumanlibrary.gov/education/trivia/letter-truman-defends-daughter-singing>. Acesso em: 14 fev. 2024.

4. João e Johann

1. Reucher, Gaby. "300 years of Bach's 'Well-tempered clavier'". *DW*, 20 jun. 2022. Disponível em: <https://www.dw.com/en/300-years-of-johann-sebastian-bachs-well-tempered-clavier/a-62188220>. Acesso em 14 fev. 2024.
2. Upton, George. *Johann Sebastian Bach*. Victoria: Leopold Classic Library, 2015.
3. "Why did Bach go to prison?" *BBC Music Magazine*, 14 set. 2020. Disponível em: <https://www.classical-music.com/features/composers/why-did-bach-go-to-prison>. Acesso em: 14 fev. 2024.

5. Disponível para cancelamentos

1. Depoimento de Aaron Copland ao Subcomitê Permanente de Investigações do Comitê de Operações Governamentais do Senado dos Estados Unidos, terça-feira, 26 mai. 1953.
2. Idem.
3. Buja, Maureen. "Legitimatizing jazz and failing: Copland's piano concerto". *Interlude*, 17 dez. 2021.
4. "Famed pianist fights to save São Paulo's heritage". *The New York Times*, 18 ago. 1982.

6. O silêncio

1. "O campeão". *Jornal da Tarde*, 7 mai. 1973.
2. Idem.
3. Idem.

7. "O *monstro* voltou"

1. Depoimento de João Carlos Martins ao autor. Agosto de 2023.
2. "A visual identity that matches the vision". Carnegie Hall, 3 jun. 2021. Disponível em: <https://www.carnegiehall.org/Explore/Articles/2021/06/03/A-Visual-Identity-that-Matches-the-Vision>. Acesso em: 14 fev. 2024.

NOTAS 179

3. "Music: high priestess of agony; french singer offers heart-rending songs Carnegie Hall soaked in tears by Edith Piaf Maria Tipo returns Handel anthems will be sung". *The New York Times*, 5 jan. 1956.
4. Conconi, Chuck. "Personalities". *The Washington Post*, 26 set. 1978.
5. "Pianista brasileiro lota o Carnegie Hall". Associated Press, 26 set. 1978.
6. "A vitória do pianista brasileiro". AFP, 26 set. 1978.

8. O indomável

1. Kramer, Jonathan. *The time of music: new meanings, new temporalities, new listening strategies*. Milwaukee: Schirmer Books, 1988. Tradução livre do autor.
2. Idem.
3. Benjamin, Walter. *The work of art in the age of mechanical reproduction*. Nova York: Schocken Books. 1969.
4. Kramer, Jonathan. *The time of music: new meanings, new temporalities, new listening strategies*. Milwaukee: Schirmer Books, 1988. Tradução livre do autor.
5. "Um Bach para marcar". *O Estado de S. Paulo*, 5 ago. 1980.
6. "Bach numa versão humana". *Folha da Tarde*, 29 ago. 1980.
7. "Harbingers of the Bach tricentennial". *The New York Times*, 15 fev. 1981.
8. "Records". *Boston Globe*, 5 mar. 1981.
9. Said, Edward. *Reflections on exile and other essays*. Cambridge: Harvard University Press, 2000.
10. Idem.
11. Idem.
12. "Reviews". *Fortwayne News*, 14 mar. 1981.
13. "Recordings: a new crop". *Newsweek*, 11 mai. 1981.
14. "Records". *Houston Chronicles*, 24 mai. 1981.
15. "Martins puts on a show of Bach". *Boston Globe*, 29 set. 1981.
16. "Monumental Bach recordings". *Detroit Monitor*, 17 dez. 1981.
17. "Picks and pans". *People Weekly*, 3 mai. 1982.
18. "Recital: Bach program". *The New York Times*, 20 set. 1981.
19. "Martins and Bach". *New York Post*, 17 set. 1991.
20. "Martins puts on a show of Bach". *Boston Globe*, 29 set. 1981.

9. Acertos e erros na política

1. Diário Oficial do Estado de São Paulo. Imprensa Oficial. São Paulo, 9 de outubro de 1975, p. 62.

2. Idem.
3. Resolução SC 63/82. Conselho de Defesa do Patrimônio Histórico, Arqueológico, Artístico e Turístico do Estado de São Paulo.
4. Depoimento de João Carlos Martins ao autor. Agosto de 2023.
5. Martins, Americo. "Empresas vão pagar multa da Paubrasil". *Folha de S.Paulo*, 5 dez. 1993.
6. Simas, Mario. "PF obtém lista de financiadores de campanha". *Folha de S.Paulo*, 7 dez. 1993.
7. Macedo, Fausto. "Flávio Maluf admite que recebeu US$ 400 mil". *O Estado de S. Paulo*, 4 dez. 1993.
8. Macedo, Fausto. "Calim Eid confessa ter coordenado esquema". *O Estado de S. Paulo*, 10 dez. 1993.
9. "Assessor de Maluf admite ter chefiado o esquema Paubrasil". *O Globo*, 10 dez. 1993.

10. Reprogramando o cérebro

1. Schwarz, Robert. "A life stranger than art, even his eccentric art". *The New York Times*, 19 mai. 1996.
2. Idem.
3. Idem.
4. "The Bionic Pianist". *Time Out New York*, mai. 1996.
5. "La Passion selon J.C. Martins". *Le Figaro*, 21 jun. 2005.
6. "Return of João Carlos Martins". *BBC Music Magazine*, jun. 1995.

11. Mãos

1. "I guanti magici che hanno fatto tornare il sorriso al leggendario pianista". *Euronews*, 30 jan. 2020.
2. Maurette, Pablo. "The Children of Anaxagoras". *Lapham's Quarterly*, 9 jul. 2018.
3. Idem.
4. Jones, Jonathan. "30,000 years of modern art". *The Guardian*, 15 jun. 2002.
5. Maurette, Pablo. "The Children of Anaxagoras". *Lapham's Quarterly*, 9 jul. 2018.
6. Idem.
7. Idem.

12. De braços abertos

1. Bradman, Greta. "International Music Day, established by Yehudi Menuhin, celebrates 45 years". ABC Classic, 1º out. 2020.

NOTAS

2. Gough, Peter. *Sounds of the New Deal: The Federal Music Project in the West.* Chicago: University of Illinois Press, 2015.

3. Smith, Steve. "Despite much adversity, keeping the music alive". *The New York Times*, 26 mai. 2008.

4. Schweitzer, Vivien. "The power of Bach". *The New York Times*, 21 set. 2010.

Bibliografia

Amaral, Aracy. *Tarsila*: sua obra e seu tempo. São Paulo: Edusp, 2010.

Benjamin, Walter. *The work of art in the age of mechanical reproduction*. Nova York: Schocken Books. 1969.

Bernstein, Leonard. *The unanswered question*: six talks at Harvard by Leonard Bernstein. Harvard Press University, 1981.

Bradman, Greta. "International Music Day, established by Yehudi Menuhin, celebrates 45 years". *ABC Classic*, 1º out. 2020.

Buja, Maureen. "Legitimatizing jazz and failing: Copland's piano concerto". *Interlude*, 17 dez. 2021.

Conconi, Chuck. "Personalities". *The Washington Post*, 26 set. 1978.

Cruz, Gilda. "Heitor Villa-Lobos e a Semana de Arte Moderna: uma reinterpretação questionada". *Inteligência*, n. 96, mar. 2022.

Depoimento de Aaron Copland ao Subcomitê Permanente de Investigações do Comitê de Operações Governamentais do Senado dos Estados Unidos, terça-feira, 26 mai. 1953.

Diário Oficial do Estado de São Paulo. Imprensa Oficial. São Paulo, 9 de outubro de 1975.

Gough, Peter. *Sounds of the New Deal*: The Federal Music Project in the West. Chicago: University of Illinois Press, 2015.

Hume, Paul. "Brazilian Pianist Plays Bach to Crowded House". *The Washington Post*, 3 jan. 1962.

"Is the letter on display that Truman wrote in defense of his daughter's singing?" Harry Truman Library Museum. Disponível em: <https://www.trumanlibrary.gov/education/trivia/letter-truman-defends-daughter-singing>. Acesso em: 14 fev. 2024.

Jones, Jonathan. "30,000 years of modern art". *The Guardian*, 15 jun. 2002.

Kramer, Jonathan. *The time of music*: new meanings, new temporalities, new listening strategies. Milwaukee: Schirmer Books, 1988.

Levitin, Daniel. *This is your brain on music*: the science of a human obsession. Penguin Publishing Group, 2007.

Lowens, Irving. "Brazil's Martins seen as keyboard giant". *Evening Star*, 3 jan. 1962.

Material original de promoção do recital de João Carlos Martins, 10 de abril de 1961. Ministerio de Educación. Havana, Cuba.

Maurette, Pablo. "The Children of Anaxagoras". *Lapham's Quarterly*, 9 jul. 2018.

Resolução SC 63/82. Conselho de Defesa do Patrimônio Histórico, Arqueológico, Artístico e Turístico do Estado de São Paulo.

Reucher, Gaby. "300 years of Bach's 'Well-tempered clavier'". *DW*, 20 jun. 2022. Disponível em: <https://www.dw.com/en/300-years-of-johann-sebastian-bachs-well-tempered-clavier/a-62188220>. Acesso em: 14 fev. 2024.

Ross, Alex. *The rest is noise*: listening to the twentieth century. Londres: Picador, 2007.

Sacks, Oliver. *Musicophilia*. Paris: Seuil, 2009.

Said, Edward. *Reflections on exile and other essays*. Cambridge: Harvard University Press, 2000.

Schrade, Leo. *Bach*: the conflit between the sacred and the secular. Londres: Forgotten Books, 2012.

Schwarz, Robert. "A life stranger than art, even his eccentric art". *The New York Times*, 19 mai. 1996. EUA.

Schweitzer, Vivien. "The power of Bach". *The New York Times*, 21 set. 2010.

Smith, Steve. "Despite much adversity, keeping the music alive". *The New York Times*, 26 mai. 2008.

Upton, George. *Johann Sebastian Bach*. Victoria: Leopold Classic Library, 2015.

Índice onomástico

#

12 Estudos, Op. 10 (Chopin), 27

A

A lanterna na popa (Campos), 31

A paixão segundo São Mateus (Bach), 60

A vida impressa em dólar (Odets), 128

Aaron Copland, 27, 35, 71-74

Abbey Simon, 102

Abel Rocha, 162

Abraham Katzenelson, 87-88, 90

Academia Nacional de Medicina, 15

Academia Paulista de Letras, 15

Adam Smith, 157

Adib Jatene, 116

Agence France Press, 103

Agência Central de Inteligência (CIA), 24

Alay Martins, 37, 39-40

Albert King, 106

Alberto Ginastera, 9, 19, 21, 23, 27-29, 34-35, 145

Aldo Faisal, 158

Aldous Huxley, 81

Alexander Schneider, 26-27

Alexander Scriabin, 58, 78

Alexis Weissenberg, 113

Alice Cooper, 84

Allen Hughes, 116

Amazonas (Villa-Lobos), 44

Amédée Ozenfant, 158

American Academy of Neurology, 156

American Composers Alliance (ACA), 72

American Music Center (AMC), 72

American Neurological Association, 156

American Record Guide, 54

American Symphony Orchestra, 130, 145

Américo Martins, 135

András Schiff, 113

Andreas Werckmeister, 58

Andrew Carnegie, 99-100

Anna Magdalena (segunda esposa), 64

Anne Mansfield, 30-32

Annette Peacock, 105-06

Anton Webern, 146

Antonieta Rudge, 52

Antônio Abujamra, 129

Antônio Carlos Jobim, 115

Antônio Delfim Netto, 82-83, 131-32

Antônio Ermírio de Moraes, 163

Antonio Guedes Barbosa, 123

Aoki-Guarantã, empresa de construção, 95

Arabesque (selo), 112, 118

Aracy Amaral, 45

Archie Moore, 92

Aristóteles, 157

Arnold Schoenberg, 102

Arquivo Nacional, 82

ARTE (canal francês), 149

Arthur Conan Doyle, 100

Arthur Moreira Lima, 63, 114-17, 121-24

Arthur Rubinstein, 43

Arturo Frondizi, 26

Arturo Toscanini, 100

Assembleia Legislativa de São Paulo, 125

Associated Press, 103

August Ernst, 62

Avery Fisher Hall, 169

Aziz Ab'Saber, 126, 129

B

Bach Meets Chopin (Martins e Arthur), concerto, 116-17

Bachiana Chamber Orchestra, 163

Bachiana Filarmônica SESI-SP, 163-64, 169

Bachianas brasileiras (Villa-Lobos), 59

Bach-Werke-Verzeichnis (BWV), ou Catálogo de Obras de Bach, 105

Balada nº 1 (Chopin), 63

Balé da Cidade de Nova York, 76

Banco Central do Brasil, 132

Banco de Exportação e Importação dos EUA, 34

Banco do Brasil, 132

Banco Itaú, 93

Banco Nacional de Desenvolvimento Econômico (BNDE), 83

Banco União Comercial, 81, 93

Barbican Center, Londres, 147

Benedito Lima Toledo, 126

Beneficência Portuguesa, hospital, 163

Benjamin Britten, 78

Benny Goodman, 100

Berenice Menegale, 47

Berkshire Music Center, Massachusetts, 33

Bernard Jacobson, 54

Bernard S. Brucker, 144-45

Biarritz, festival de cinema, 149

Bill Zachariasen, 116

Blaise Cendrars, 45

Bob Dylan, 118, 167

Bobby Chacon, 91

Bolsa de Nova York, 81

Book of the Month Club, 53-54

Boston Symphony, 73

C

Cacilda Becker, 166

Calim Eid, 133-37

Camargo Guarnieri, 19, 51-52

Carl Czerny, 124

Carl Gotthelf Gerlach, 62

Carl Gustav Jung, 151-52

Carlos Jacintho de Barros, 21

Carlos Lamarca, 82

Carlos Marighella, 82

Carlos Vergueiro, 112

Carnegie Brothers Steel Company, 100

ÍNDICE ONOMÁSTICO

Carnegie Hall, Nova York, 9, 29, 47, 74, 98-100, 102-03, 105, 118, 121, 130, 145, 152-53, 157, 169

Castelo Branco, 33

CBS, 118

CBS News, 103

Cecília (amiga da escola), 46

Cenas infantis (Schumann), 51

César Barros Hurtado, 26

Charles Rosen, 113

Choros (Villa-Lobos), 44

Cid Vieira de Souza, 135

Cipe Lincovsky, 127

Claude Debussy, 45, 51-52, 146

Claudio Arrau, 43

Clifford Odets, 128

CNN heroes, 168

CNN, 168

Colégio Liceu Pasteur, São Paulo, 44

Colin Davis, 164

Collegium Musicum, Leipzig, 61-62

Combate, 21

Comissão Estadual de Música, 166

Comissão Estadual de Teatro, 166

Concerto em Fá (Gershwin), 73

Concerto nº 1 para piano (Ginastera), 145

Concerto nº 3 (Prokofiev), 63

Concerto para a mão esquerda (Ravel), 79, 145

Concertos de Brandenburgo (Bach), 62, 162, 164

"Concerto nº 5", 65

Concord Concerto, 141, 143-44

Concord Records, 141

Concurso de Teresópolis, 47-48

Concurso Eldorado, 48

Conselho de Defesa do Patrimônio Histórico, Arqueológico, Artístico e Turístico (CONDEPHAAT), 128-29

Conselho Mundial de Boxe (CMB), 87, 92

Conselho Revolucionário Cubano, 24

Conservatório de Moscou, 119

Conservatório de Música de Genebra, Suíça, 47

Conservatório de Música de Paris, 52

Constitution Hall, 55

Convenção do Conselho Mundial de Boxe, Salvador (BA), 92

Cristina Trivulzio Belgiojoso, 124

D

Daily Mail, 157

Daily News, 116

Daniel Barenboim, 26, 65, 164

Daniil Shafran, 142

Dave Brubeck, 102, 105

Departamento de Cirurgia da Faculdade de Medicina da USP, 15

Der Spiegel, 149

Detroit Monitor, 114

Devora Kestel, 156

Die Martins-Passion (documentário), 149-50, 154

Dilma Rousseff, 82

Disneyland, 111

Dmitri Kabalevsky, 119

Dmitri Shostakovich, 58

Dora Vasconcellos, 26

Duas mãos (Fleisher), 156

Dwight D. Eisenhower, 24

E

Eça de Queiroz, 59

Éder Jofre, 86-95, 105

Edith Piaf, 100

Edouard van Remoortel, 43

Edson Arantes do Nascimento (Pelé), 69

Edward Said, 113

Edwin Fischer, 43

Eleanor Roosevelt, 27-29, 167

Eleazar de Carvalho, 33-34, 149, 162

Ella Fitzgerald, 100

Elton John, 101

Emerson, Lake and Palmer, 155

Emmanuel Pahud, 142

English Chamber Orchestra, 164

Ênio Antunes, 163

Enrico Caruso, 100

Erik Satie, 45

Ernesto Che Guevara, 19-20

Ernesto Geisel, 93, 127

Ernst Mahle, 98

Esculápio, 15

Esquire Magazine, 146

Eugene Istomin, 27

Eugene Ormandy, 25

Evening Star, 27, 31

F

FAAM, 162-63

Federação das Indústrias do Estado de São Paulo (Fiesp), 131, 164

Federal Reserve Bank (FED), 132

Felicja Blumental, 52

Felix Mendelssohn, 60

Fernanda Montenegro, 130

Fernando Arrabal, 127

Fernando Collor de Mello, 133

Festival Bach, Nova York, 67-68

Festival Casals, Porto Rico, 25-28

Festival de Música de Berlim, 74

Fidel Castro, 18-20, 24, 28

Fídias, 64

Filarmônica de Buffalo, 10-11

Filarmônica de Nova York, 35, 76, 100

Flávio Império, 126, 128

Flávio Maluf, 135

Florida State University, 157

Folha da Tarde, 112

Fórmula 1, 157

Fort Wayne News, 114

Francis Moore, 15

Frank Zappa, 101

Franklin Delano Roosevelt, 167

Franz Liszt, 43, 124

Franz Peter Schubert, 51

Frédéric Chopin, 27, 51-52, 58, 63, 115-17, 124, 146, 157

Frederico II, rei, 57, 62, 66

Friedrich Nietzsche, 139

Fulgencio Batista, 18

Fundação Bachiana, 163, 168-69

Fundo Monetário Internacional (FMI), 132

G

Gary Graffman, 102

Georg Philipp Telemann, 61

George Erdmann, 59

George Gershwin, 73

Gérard Sousay, 43

Ginásio de Esportes Presidente Médici, Brasília, 88-91

Giuseppe Verdi, 37-38, 49, 70, 101, 171

ÍNDICE ONOMÁSTICO

Glenn Gould, 107-08, 113, 146, 150, 156
Grammy Awards, 11, 119, 141
Grupo Oficina, 129
Grupo Silvio Santos, 128
Guiomar Novaes, 48, 52, 85, 94-95

H
Halsted, 15
Hans von Bülow, 58
Hans-Joachim Koellreutter, 47
Harold Linder, 34
Harry Partch, 106
Harry Truman, 55, 121
Harvard, 29
Haydn, 51-52, 148
Heiner Stadler, 108-11, 140, 143
Heitor Alimonda, 47
Heitor Villa-Lobos, 43-45, 59
Heloísa Maria Buarque de Hollanda (Miúcha), 70
Henri Herz, 124
Henry Kissinger, 29
Henry Raymont, 18, 25-26, 28
Henryk Szeryng, 142
Heroica (Mozart), 58
Hexameron, 123
High Fidelity Magazine, 54
Hollywood Bowl, Los Angeles, 72, 74
Hospital do Coração, 116
Hospital Sírio-Libanês, 15
Hotel Brasília, 91
Houston Chronicle, 114
Howard Mitchell, 18
Howard University, Washington, 18, 28-29
Hubert Humphrey, 34

I
I LOVE NY, campanha, 118
Igor Stravinski, 74
Imperial College, Londres, 158
Improviso (Schubert), 51
Instituto Sedes Sapientiae, São Paulo, 42
Irene Langemann, 149, 154
Isaac Karabtchevsky, 123
Isaac Stern, 26, 101, 164-65
Israela Margalit, 102
Itamaraty, 25-27, 31, 121, 144
Itzhak Perlman, 114
Ivan Vazov, 142

J
J.P. Morgan, 100
Jackson Memorial Hospital, Miami, 144, 147
Jackson Pollock, 158
Jacqueline Kennedy, 18, 28
Jacques Klein, 123
James Brown, 84
James Taylor, 101
Jânio Quadros, 19-21, 24, 28
Jay Edson, 89
Jay Hoffmann, 29, 69, 71-72, 77, 98-99, 101, 118, 152-54, 156, 164
Jean Cocteau, 45
Jesús María Sanromá, 27
Jethro Tull, 101
JoAnn Falletta, 9-11, 130
João Baptista Figueiredo, 127, 131
João de Souza Lima, 45, 52
João Gilberto, 70
João Goulart, 32
Joel Gomes, 91

Johann Hummel, 51

Johann Peter Pixis, 124

Johann Sebastian Bach, 9-10, 14-15, 19, 32, 45-46, 51, 53-54, 57-66, 95, 102-03, 105, 108-18, 120, 130, 134, 140-43, 146, 149, 162, 164-65

Johannes Brahms, 147

John Cage, 105

John F. Kennedy, 24

Johnny Mathis, 84

Jonathan D. Kramer, 106-07

Jordan Hall, Boston, 116

Jörg Demus, 68

Jorge Bolet, 28

Jornal da Tarde, 88

José Celso Martinez (Zé Celso), 128-29

José da Silva Martins (pai), 18, 26, 38-40, 48, 53, 59, 69, 86-87, 140

José de Alencar, 59

José Legra, 88-91

José Lobato, 89

José Maria Marin, 124-27, 129

José Miró Cardona, 24

José Sarney, 133

Joseph (José) Kliass, 43-44, 51-52, 63, 78-79

Joseph McCarthy, 72

Josué Gomes, 164

Júlio Medaglia, 162

Julliard School, 149

K

Keith Emerson, 155

Kid Jofre, 89-91

Krzysztof Penderecki, 25

L

La Nación, 157

Le Figaro, 150, 157

Led Zeppelin, 101

Leningrad Symphony, 153

Leon Fleisher, 68, 71, 76, 155-56

Leon Fleisher Foundation for Musicians Focal Distony, 68, 156

Leonard Bernstein, 25, 33-35, 100, 114

Lina Bo Bardi, 128

Lincoln Center, Nova York, 68, 76, 114, 116, 152

Lionel Richie, 167

Little Bridges *ver* Mabel Shaw Bridges Hall of Music

Livro de Anna Magdalena (Bach), 42

Lorin Maazel, 102

Lúcia Branco, 63, 115

Luciano Pavarotti, 169

Ludwig van Beethoven, 19, 21, 42, 58, 86, 146, 167

Luís Faustino, 91

Luiz Antônio Fleury Filho, 134

Luiz Cocozza, 128

M

Mabel Shaw Bridges Hall of Music (Little Bridges), 108-09, 141

Machado de Assis, 59

Magda Tagliaferro, 25

Maksoud Plaza, teatro, 116

Marcel Jofre, 90

Marche solennelle (Tchaikovsky), 100

Marcos Lázaro, 87

Marcos Lázaro Produções, 87

Margaret Thatcher, 112

Margaret Truman, 55

ÍNDICE ONOMÁSTICO

Marina (amiga da escola), 41
Mário de Andrade, 45
Mário Henrique Simonsen, 131
Martha Argerich, 26, 65
Martin Krause, 43
Martin Luther King Jr., 34
Martins, família, 37, 47, 63
Masahiko Harada, 87-88
Matthias Matussek, 149
Maurice Ravel, 9, 45, 79, 145, 147
Memorial Concert, Toronto, 156
Merle Haggard, 106
Metropolitan Museum, Nova York, 77
Metropolitan Opera, 76
Michael Jackson, 167
Michael Mansfield, 31
Midnight Concerts, 152
Millôr Fernandes, 166
Milton Glaser, 118
Misha Dichter, 102
Miúcha *ver* Buarque de Hollanda, Heloísa Maria
Moritz Moszckowski, 52
Mostly Mozart Festival at Lincoln Center, 152
Movement Disorders Society, 156
Mstislav Rostropovich, 25
Museu de Arte de São Paulo (Masp), 40
Música Venceu, 159, 168

N

National Press Club, Washington, 34
National Symphony Orchestra de Washington, 18, 74
NBC News, 144
Neil Young, 101
Nelson Freire, 63, 115, 123

New Deal, 167
New York Cosmos (time de futebol), 69
New York Magazine, 146
New York Post, 116
New York Symphony Orchestra, 100
Newsweek, 114
Nicanor Zabaleta, 142
Nigel Kennedy, 142
Nina Simone, 105
Noite estrelada (Gogh), 51
Noturno em si bemol menor, Op. 9, n° 1 (Chopin), 157
Número 1A (Pollock), 158

O

O cravo bem temperado (Bach), 19, 46, 53-54, 57-58, 64, 102, 110-11, 115-16
  "Fuga n° 6", 19
  "Prelúdio n° 1", 64
  "Prelúdio n° 6", 19
  "Prelúdio n° 8", 64
  "Prelúdio n° 21", 95
  "Prelúdio n° 1 em dó maior", 102, 111, 115
  "Prelúdio em sol maior", 116
O cravo bem temperado (Bach), Martins, álbuns, 53-54, 102, 110-11
O Estado de S. Paulo, 25, 112, 122
Octavio Gouvêa de Bulhões, 33
Oferenda musical (Bach), 66
Opera Kroll, Berlim, 106
Ordem Nacional do Cruzeiro do Sul, 19
Organização do Tratado do Atlântico Norte (OTAN), 107
Organização dos Estados Americanos (OEA), 27

Organização Mundial da Saúde (OMS), 156

Orison Swett Marden, 48

Orquestra Bachiana Jovem SESI-SP, 163-64

Orquestra de Berlim, 34

Orquestra de Cleveland, 153

Orquestra de Pittsburg, 153

Orquestra de Denver, 153

Orquestra Filarmônica de Buffalo, 11

Orquestra Sinfônica Brasileira, 33, 123

Os puritanos (Bellini):
"Marcha dos puritanos", 124

Oscar, 72

Osiris Lopes Filho, 136

Oswald de Andrade, 45

P

Pablo Casals, 25-26, 31

Pablo Maurette, 157-58

PanAm, 21

Parnassus, 91

Partitas (Bach), 51, 109, 112
"Partita nº 6", 109-10

Paubrasil Engenharia e Montagens, 130, 133-36

Paul Hume, 55

Paulo Niemeyer Filho, 155

Paulo Salim Maluf, 122-24, 126, 130, 133-37, 144

PDQ Bach, 152

People Weekly, 114

Peter Jones, 34

Peter Serkin, 113

Philharmonic Hall, 152

Philip Glass, 106

Philips, 54

Pinchas Zukerman, 164

Piotr Ilitch Tchaikovsky, 100

Pomona College, 108

Prêmio Pulitzer, 72

Presbyterian Hospital, Nova York, 144

Programa Estratégico de Desenvolvimento (PED), 83

Projeto Federal de Música, 167

Q

Quinta sinfonia (Beethoven), 86

R

Rafael Kammerer, 54

Ramón Velásquez, 87

Rapsódia sobre um tema de Paganini (Rachmaninoff), 148

Raul Castro, 20

Raul Cutait, 13-15

Ray Charles, 167

Ray Robinson, 92

Raytheon, grupo, 112

RCA Victor, 75

Reflexões sobre o exílio (Said), 113

Rhapsody in Blue (Gershwin), 73

Ricardo Kotscho, 169

Richard Nixon, 29

Richard Strauss, 78, 100

Richard Wagner, 102

Rimsky-Korsakov, 15

Rob Kennedy, 32

Robert Schumann, 15, 51, 58

Roberto Campos, 31-34, 81, 92

Roberto Kalil, 127, 171

Romeu Tuma, 126

Rondó (Hummel), 51

Ross Parmenter, 30

ÍNDICE ONOMÁSTICO

Royal Philarmonic Orquestra, 147
Ruben Olivares, 91
Rudolf Serkin, 25, 102
Rui Mesquita, 25
Ruth Escobar, 127
Ruy Ohtake, 126

S

Saint-Saëns, 147
Sala Cecília Meireles, Rio de Janeiro, 76
Sala Hubert de Blanck, 19
Semana de Arte Moderna de São Paulo
    (1922), 44
Serge Koussevitzky, 33, 73
Sergei Rachmaninoff, 100-01, 148
Sérgio Fleury, 126
Sérgio Milliet, 45
Serguei Prokofiev, 19, 63, 78
Sétima sinfonia (Beethoven), 167
Shirley Fleming, 116
Sigismond Thalberg, 124
Sílvio Frota, 122
Sir John Barbirolli, 25
Sociedade Bach, São Paulo, 42, 46
Society for Neuroscience, 156
Sófia Sheraton, 141-44
Sonata ao luar (Beethoven):
    "Primeiro movimento", 42
Soundstream, 105
Stan Lehman, 103
Steinway (piano), 20,110, 117
Stevie Wonder, 167
Success (revista), 48
Suíte francesa nº 5 em sol maior (Bach),
    66
Sydney Morning Herald, 157
Universidade de Nova York, 70

T

Tarsila do Amaral, 45
Teatro Brasileiro de Comédia (TBC),
    129
Teatro Colombo, São Paulo, 51
Teatro Oficina Uzyna Uzona, São Paulo,
    128-29
Teatro Y, Nova York, 116
técnico Santa Rosa, 90
Terceiro concerto (Rachmaninoff), 101
Tesouro Nacional, 84
The Beach Boys, 101
The Beatles, 100
The Boston Globe, 73, 113-14, 116
The Doors, 101
The New York Times, 30, 52-53, 77, 100,
    113-14, 116-17, 140, 144-46, 157, 169
The Supremes, 84
The Washington Post, 30, 55, 71, 103,
    145, 157
Theatro Municipal, São Paulo, 44, 53
Time of Music, The (Kramer), 106
Time Out New York, 146
Tina Turner, 101, 167
Tomato Records, 105, 108-09, 111-12,
    114
Torre de Babel (Arrabal), 127
Turismo União, 84-85, 87
TV Cultura, 122-23, 125

U

Ubiratan Bizarro Costa, 157
Unicamp, 154
United Press International (UPI), 18-19
Universidade de Miami, 145

V

Valdemar Santana, 90
Variações Goldberg (Bach), 113-14, 116
Varig, 70, 73
Vasco Leitão da Cunha, 21
Vincenzo Bellini, 124
Vitor Mauri, 90
Vivien Schwitzen, 169
Vladimir Horowitz, 101
Vladimir, Herzog, 125

W

Wadih Helou, 125
Walter Benjamin, 64, 106
Walter Damrosch, 100
Walter Gieseking, 43
"We Are the World" (Jackson e Richie),
    167
Weimar, duque de (Wilhelm Ernst),
    58, 62
West Side Story (Bernstein), 34
Western Union, 99
Westinghouse, 54
Wilhelm Backhaus, 43
Wilhelm Ernst *ver* Weimar, duque de
William Bennet, 164
William Rogers, 29
Wilson Simonal, 84
Winston Churchill, 159
Wolfgang Amadeus Mozart, 14, 19, 21,
    58, 146, 148, 166

Y

Yehudi Menuhin, 25, 161

Z

Zimmermann (café), Leipzig, 61
Zippy The Chimp, 84
Zubin Mehta, 25, 79, 101

Este livro foi composto na tipografia Minion Pro,
em corpo 11/15, e impresso em
papel off-white no Sistema Cameron da
Divisão Gráfica da Distribuidora Record.